대화
잘하는 법

IRASUTOBAN KODOMO NO TAIWA-RYOKU: JOZU NI ISHI O TSUTAERU 43 NO TAIWA TRAINING
supervised by TADA Takashi & ISHIDA Yoshihiro
edited by Kyosogata-taiwagakushu-kenkyujo
Copyright © 2012 TADA Takashi & ISHIDA Yoshihiro
All rights reserved.
Originally published in Japan by GODO SHUPPAN LTD., Tokyo.
Korean translation rights arranged with GODO SHUPPAN LTD., Japan
through THE SAKAI AGENCY and ERIC YANG AGENCY.

이 책의 한국어판 저작권은 에릭양에이전시를 통한 저작권사와의 독점 계약으로 뜨인돌출판(주)에 있습니다. 저작권법에 의해 한국 내에서 보호를 받는 저작물이므로 무단전재와 무단복제를 금합니다.

사회성 좋은 아이! 배려심 있는 아이!
대화 잘하는 법
초판 1쇄 펴냄 2020년 10월 5일
　　 3쇄 펴냄 2022년 6월 24일

엮음 공창형대화학습연구소 | 감수 다다 다카시, 이시다 요시히로
그림 다카다 가즈야 | 옮김 서수지

펴낸이 고영은 박미숙
펴낸곳 뜨인돌출판(주) | 출판등록 1994.10.11.(제406-251002011000185호)
주소 10881 경기도 파주시 회동길 337-9
홈페이지 www.ddstone.com | 블로그 blog.naver.com/ddstone1994
페이스북 www.facebook.com/ddstone1994 | 인스타그램 @ddstone_books
대표전화 02-337-5252 | 팩스 031-947-5868

ISBN 978-89-5807-777-0 73190

어린이제품안전특별법에 의한 제품표시
제조자명 뜨인돌출판(주) **제조국명** 대한민국 **사용연령** 만 8세 이상

사회성 좋은 아이!
"대화" 잘하는 법

공창형대화학습연구소 엮음 | 다다 다카시, 이시다 요시히로 감수

배려심 있는 아이!

다카다 가즈야 그림 | 서수지 옮김

뜨인돌어린이

감수자의 말

다양한 사람과 이야기를 나누는 시간은 즐거워요. 내 세계가 더 넓어지는 기쁨을 맛볼 수 있죠. 우리는 점차 다문화 사회를 향해 나아가고 있어요. 다양한 배경을 가진 사람들과 소통하는 능력은 앞으로의 세상을 살아가기 위해 꼭 필요해요.

그런데 다른 사람과 소통하는 일에 자신이 없거나 다른 사람 앞에서 말하는 일이 너무나 힘들다며 고민하는 사람도 많아요. 하지만 말하기에 자신이 없는 사람도 사실은 알고 보면 대화를 잘할 수 있는 밑바탕은 충분히 갖추고 있어요.

저는 오랫동안 초등학교 교사로 일했고 중학교와 고등학교에서는 국어를 가르쳤어요. 그러면서 지금까지 수많은 제자를 만났지요. 제가 가르친 아이 중에는 말이 별로 없는 아이도 있었고, 누가 말리지 않으면 끝없이 수다를 늘어놓아 주위 사람들을 지치게 하는 아이도 있었어요. 이런 아이들은 말주변이 없거나 다른 사람과 소통하는 능력이 부족한 아이로 여겨지곤 했어요.

그러나 과묵한 아이는 곰곰이 생각하거나 상대방의 입장과 기분을 배려하며 말을 신중하게 고르다 보니 말이 적어 보인 거예요. 반대로 한번 말문이 터지면 끝도 없이 수다를 늘어놓는 아이는 홍수처럼 터져 나오는 생각을 주체하지 못해서 그러는 것뿐이죠. 각각 장점이 다른 경우이

므로, 이런 아이들이 자신감을 가지고 말하는 기술과 듣는 기술을 배우면 자신들의 장점을 발휘하여 소통하는 힘을 쑥쑥 키울 수 있어요.

이 책은 아이들이 자신감을 가지고 즐겁게 소통하는 힘을 길러 주기 위한 것이랍니다. 이 책을 활용해 다양한 사람들과 대화를 하는 연습을 하다 보면 다른 사람과 소통하는 시간이 얼마나 즐거운지 자연스럽게 깨닫게 될 거예요. 대화로 기쁨을 느끼는 긍정적인 경험을 반복하다 보면 어느새 대화를 즐기는 자신을 발견하고, 듣기와 말하기를 포함하는 '대화 잘하는 법'을 알게 될 거예요.

이 책의 집필에는 초등학교·중학교·고등학교 교사와 대학교 교수, 언론 종사자, 교육 관련 단체 관계자가 참여했어요. 이들은 아이들의 '소통하는 힘'을 높이기 위한 지도법을 개발하고 실천해 왔지요. 이 책에서는 직접 실천해 보고 효과를 확인한 '말하기에 서툰 아이가 대화를 잘할 수 있는 비결'도 소개하고 있어요.

이 책을 통해 아이들이 다양한 사람과 대화하는 즐거움을 맛볼 수 있기를 바랍니다.

- 다다 다카시

이 책의 구성과 활용법

이 책은 총 5장으로 구성되어 있어요. 1장에서는 대화의 밑거름이 되는 자신감을 북돋아 주는 활동, 2장에서는 잘 듣는 사람이 되기 위한 활동, 3장에서는 자신의 감정과 생각을 효율적으로 전달하기 위한 활동, 4장에서는 2장과 3장에서 배운 내용을 활용해 대화해 보는 활동, 5장에서는 다양한 상황에서의 대화를 경험하는 활동을 담았어요. 이를 통해 실제로 소통에 보탬이 될 수 있는 능력을 기를 수 있답니다.

이 책은 어린이의 대화 능력을 기르기 위한 것으로, 그림과 도표를 충분히 활용해 어린이가 직접 읽을 수 있도록 했어요. 책장을 펼치면 하나의 활동이 한눈에 들어오도록 펼침으로 완결되어 어디서부터 읽어도 크게 상관이 없어요.

각 활동은 ★ 개수로 난이도를 표시했어요. ★ 하나가 가장 쉽고, ★ 세 개가 가장 어려워요.

오른쪽의 '도움말'은 해당 활동에서 특히 주의 깊게 봐야 하는 핵심을 정리한 것이에요. 어린이 눈높이에 맞게 썼지만, 어른이 함께 본다면 일종의 학습 목표라고 생각하고 미리 읽어 보세요.

책 끄트머리에는 어린이의 소통 능력을 높이기 위한 도움말을 정리해 두었으니 참고하세요.

차례

감수자의 말 ⋯ 4
이 책의 구성과 활용법 ⋯ 6

1 자신감을 키우는 연습

❶ 자신의 장점 10가지를 스스로 찾아서 적어 보세요 ⋯ 14
❷ 친구에게 자신의 장점을 찾아서 적어 달라고 하세요 ⋯ 16
❸ 여러 사람의 도움을 받고 있다는 사실을 깨달아요 ⋯ 18
❹ 다른 사람을 도와주었던 일을 떠올려 적어 보세요 ⋯ 20
❺ 자신의 단점을 뒤집어 장점으로 바꾸어 보세요 ⋯ 22
❻ 1개월, 3년, 10년 뒤의 목표를 각각 세워 보세요 ⋯ 24
더 알아보기 ⋯ 말하기에 도움이 되는 활동지 만들기 ⋯ 26

2 다른 사람의 말을 잘 듣는 연습

❶ 이야기하기 편한 상대가 될 수 있도록 노력해 보세요 … 30
❷ 다른 사람의 이야기에 충분히 귀를 기울여 보세요 … 32
❸ 말하는 사람이 전하려는 내용을 정확하게 들어요 … 34
❹ 이야기를 들으며 나의 소감을 적절하게 말해요 … 36
❺ 하고 싶은 말을 편하게 꺼낼 수 있게 질문해요 … 38
❻ 정말로 하고 싶어 하는 말이 무엇인지 알아보세요 … 40
❼ 새로 깨닫게 된 점을 상대방에게 알려 주세요 … 42
❽ 반대에 부딪히더라도 마음을 다치지 않아요 … 44
더 알아보기 ⋯ 대화의 바탕이 되어 주는 독서 … 46

3 내 생각을 잘 말하는 연습

❶ 용기 있게 소리 내어 말하는 연습을 해 보세요 … 50
❷ 듣는 사람이 이해하기 쉬운 방식으로 말해요 … 52
❸ 좋은 인상을 남기도록 자기소개를 해 보세요 … 54
❹ 내 말을 들어 주었으면 하는 마음을 드러내요 … 56
❺ 말을 하기 전에 먼저 생각을 정리해 보세요 … 58
❻ 말하기를 뒷받침하는 효과적인 자료를 준비해요 … 60
❼ 솔직하게 자신의 의견을 밝히도록 노력해 보세요 … 62
❽ 표정, 몸짓, 손짓 등을 더하여 말해 보세요 … 64
❾ 하기 힘든 말을 꺼내기 전에 방법을 먼저 고민하세요 … 66
❿ 깊은 속마음과 고민도 말로 털어놓아 보세요 … 68
더 알아보기 ⋯ 우리가 서로 대화를 하는 이유 … 70

 **더 좋은 대화를 나누는 연습**

❶ 활발하게 대화를 주고받을 수 있도록 노력해요 … 74
❷ 잠시 생각할 시간이 필요하다고 해도 괜찮아요 … 76
❸ 상대방이 잘 이해하지 못하면 다시 한번 말해요 … 78
❹ 질문이나 반대 의견에 적절하게 답을 하세요 … 80
❺ 찬성하거나 반대할 때는 내 생각을 보태어 말해요 … 82
❻ 의견이 서로 대립할 때 해결하는 방법을 익혀 두세요 … 84
❼ 의견이 받아들여지지 않으면 다시 한번 설득해요 … 86
❽ 의견이 대립할 때 오히려 더 좋은 의견이 떠올라요 … 88
❾ 여러 의견들이 나오면 정리하면서 대화해요 … 90

더 알아보기 … 학습 의욕을 북돋워 주는 대화 … 92

5 의사소통 능력을 키우는 연습

- ① 서먹함을 줄일 수 있는 아이스 브레이킹을 해요 ··· 96
- ② 체험 학습을 하면서 즐거운 대화를 나누어요 ··· 98
- ③ 프로젝트 어드벤처로 소통의 중요성을 경험해요 ··· 100
- ④ 말을 하지 않고 의사소통에 도전해 보세요 ··· 102
- ⑤ 여러 사람들 앞에서 연설하기에 도전해 보세요 ··· 104
- ⑥ 어색한 순간을 위해 대화 소재를 준비해 두어요 ··· 106
- ⑦ 인터뷰를 잘하는 방법을 배우고 연습해요 ··· 108
- ⑧ 부담 없이 자유롭게 브레인스토밍을 즐겨 보세요 ··· 110
- ⑨ 순위를 매겨서 가장 좋은 아이디어를 뽑아 보세요 ··· 112
- ⑩ 그룹 프레젠테이션에 함께 도전해 보세요 ··· 114

더 알아보기 ··· 좋은 인간관계를 만드는 대화 ··· 116

아이를 지도하는 부모님, 선생님을 위한 글 ··· 118

자신감을 키우는 연습

말하기에 어려움을 겪는 어린이는 먼저 자신감을 키우세요. 그러면 말하기에 대한 두려움이 사라질 거예요. 누구에게나 반드시 장점이 있어요. 자신의 장점을 파악하고 즐거웠던 일, 다른 사람을 기쁘게 해 주었던 일을 떠올리거나 자신의 꿈을 생각하면 조금씩 자신감을 가질 수 있게 돼요.

자신의 장점 10가지를

우리는 무심코 다른 사람과 자신을 비교하며 '나는 안 돼.'라고 스스로를 과소평가하거나 움츠러들어요. 이런 일이 늘면 다른 사람과 대화할 때 자신감을 가질 수 없어요. 장점은 누구에게나 있어요. 아직 깨닫지 못해서 장점이 없는 것처럼 느껴질 뿐이죠. 자신의 장점을 알면 자기 자신을 사랑하는 마음이 커져요. 또, 한 걸음 더 나아가 다른 사람과 소통할 수 있는 용기도 솟아나요.

★ **활동 방법**

① 자신의 장점 10가지를 카드에 적어 보세요. 열심히 노력했던 일, 내가 생각해도 멋지게 해냈던 일, 완벽하지 않아도 제법 괜찮게 해냈던 일 등을 곰곰이 떠올려 보세요.

② 잘 생각나지 않으면 자신의 단점을 먼저 적고, 그걸 관점을 바꾸어 장점으로 바꿀 수 없을지를 고민해 보세요. 예를 들어 낯가림이 심하다면 '신중하게 사람을 대한다.'로 바꿀 수 있어요.

스스로 찾아서 적어 보세요

도움말
'장점? 없는데.' '내가 잘하는 일이 뭐지? 아무리 생각해도 모르겠어.' 머리를 쥐어뜯으며 생각해도 자신의 장점이 떠오르지 않을 때는 잘하는 일, 좋아하는 일, 하고 나서 즐거웠던 일을 차근차근 적어 본다. 정 떠오르지 않을 때는 가족이나 친구에게 자신의 장점을 물어봐서라도 10가지를 모두 채울 수 있도록 노력한다.

1장

★ 자신의 장점을 찾는 활동

자신의 장점을 10가지 찾아서 적어 보세요.

_____년 ____월 ____일   ____학년 ____반 이름 : _____

1	
2	
3	
4	
5	
6	
7	
8	
9	
10	

2 친구에게 자신의 장점을

난이도 ★☆☆

자신의 장점을 스스로 떠올리려면 어쩐지 어색할 수 있어요. 어떤 점이 자신의 장점인지 뽑는 일이 쉽지만은 않아요. 그럴 때는 가족에게 자신의 장점을 말해 달라고 부탁해 보세요. 또는 친구 몇이 모여 모둠을 만들고 서로의 장점을 말해 주는 시간을 가져 보는 것도 좋아요. 혼자 생각할 때는 아무리 애를 써도 잘 떠오르지 않던 것인데, 다른 사람이 인정하는 뜻밖의 장점을 발견하게 되면 자신감도 커진답니다.

★ 활동 방법

① 5~6명이 모이세요. 각자 활동지에 자기 이름을 쓰고 옆 친구에게 건네주세요.
② 자신도 옆 친구에게서 활동지를 건네받아 1분 동안 이름이 적힌 친구의 장점을 최대한 많이 적어 보세요. 누가 적은 장점인지 알 수 있게 자기 이름도 적어 주세요.
③ 시간이 되면 활동지를 다시 옆 친구에게 넘겨주세요. 본인을 뺀 나머지 친구가 다 적으면 활동지를 본인에게 돌려주세요.
④ 돌려받은 활동지의 내용을 읽고 가장 기뻤던 부분에 표시해 보세요.
⑤ 읽고 나서 느낀 점이나 깨달은 점 등을 함께 이야기해요.

찾아서 적어 달라고 하세요

도움말
이 활동을 할 때는 시간을 충분히 들여서 성의 있게 친구의 장점을 떠올려야 한다. '마음씨가 따뜻하다.' '언제나 씩씩하다.' '글씨를 예쁘게 잘 쓴다.' '모르는 문제를 물어보면 귀찮아하지 않고 친절하게 가르쳐 준다.' 등 평소에 주목하지 않았던 친구의 장점을 발견할 수 있는 활동이다. 친구의 장점을 떠올리는 가운데 자기 자신의 장점을 발견하게 될 수도 있다.

★ 친구의 장점을 찾는 활동

친구가 노력하는 모습을 보고 감탄했던 적이 있나요? 친구가 정말 대단하다고 생각했던 일을 최대한 많이 떠올려 적어 보세요.

_____년 ____월 ____일   _____에게

1		친구 ( )가
2		친구 ( )가
3		친구 ( )가
4		친구 ( )가
5		친구 ( )가
6		친구 ( )가
7		친구 ( )가
8		친구 ( )가
9		친구 ( )가
10		친구 ( )가

3 여러 사람의 도움을 받고

난이도 ★☆☆

가족, 친구, 이웃 등 우리는 누구나 많은 사람의 도움을 받으며 살아요. 지금까지 어떤 사람이 어떤 친절을 베풀어 주었는지, 어떻게 힘이 되어 주었는지를 각자 떠올려 보고 서로 이야기해 보세요. 내게 도움을 준 사람은 어떤 마음이었을까요? 이렇게 많은 사람의 도움을 받고 있다니 나는 소중한 존재가 분명해요. 이런 사실을 기억하면 다른 사람과 대화할 수 있는 용기가 마음속에서 솟아날 거예요.

★ 활동 방법

❶ 기억을 떠올릴 때 눈을 감으면 도움이 돼요. 눈을 감고 지금까지 어떤 사람이 어떠한 도움을 주었는지를 찬찬히 떠올려 활동지에 적어 보세요.
❷ 적은 내용을 친구들에게 이야기해 보세요.
❸ 다른 친구의 이야기를 듣고 떠오른 생각이나 느낌을 적어 보세요.
❹ 이 활동을 하고 나서 나의 생각이 어떻게 달라졌는지를 친구들과 이야기해 보세요.

있다는 사실을 깨달아요

도움말
사소한 일이라도 좋으니 어떤 도움을 받은 적이 있는지 충분히 시간을 들여 찬찬히 떠올려 본다. 그래도 잘 생각나지 않을 때는 선생님이나 부모님에게 어린 시절의 경험을 들려 달라고 부탁하고, 그와 비슷한 경험을 한 적이 있는지 생각해 본다. 다른 사람들의 이야기가 자신의 기억을 조금씩 떠올리는 데 도움이 될 것이다. 억지로 하지 말고 느긋하게 즐거운 마음으로 해야 한다.

1장

★ 주위 사람에게 받았던 도움을 떠올리는 활동

아주 사소한 일이라도 좋아요. 한번에 다 채우려고 하지 말고 시간을 들여 떠올려 보세요.

_____년 ____월 ____일   ____학년 ____반   이름 : _____

.... 에게 받은 도움

.... 에게 받은 도움

.... 에게 받은 도움

.... 에게 받은 도움

.... 에게 받은 도움

.... 에게 받은 도움

4 다른 사람을 도와주었던

난이도 ★☆☆

가족이나 친구, 이웃, 선생님 등 주변 사람들을 기쁘게 했던 경험을 떠올려 보세요. 나의 어떤 말과 행동이 다른 사람들에게 어떻게 도움이 되었을까요? 도움을 받은 사람들이 어떤 반응을 보였나요? 다른 사람을 돕고 나서 사람들에게 칭찬을 받고 나면 사람들을 대할 때 더욱 자신감이 생겨요. 내가 다른 사람에게 도움이 되었던 일들을 떠올려 적어 보세요.

★ 활동 방법

❶ 다른 사람에게 도움이 되었던 자신의 말과 행동을 한 가지라도 좋으니 떠올리고 적어 보세요.
❷ 왜 그 행동이 그 사람에게 도움이 되었는지를 곰곰이 생각해 적어 보세요.
❸ 어떻게 하면 더 많은 사람에게 도움을 줄 수 있을지, 실천하고 싶은 일을 적어 보세요.

일을 떠올려 적어 보세요

도움말
주위 사람에게 도움이 되었던 경험은 누구에게나 있을 것이다. 그런데 정작 자기 자신은 도움을 주었다는 사실 자체를 미처 깨닫지 못할 때도 많다. 가족과 함께하며 즐거웠던 경험, 학교에서의 활동을 함께 신나게 즐겼던 경험을 떠올리면 자신이 다른 사람들에게 어떤 도움을 주었는지를 깨달을 수 있다.

1장

★ **다른 사람에게 도움이 된 자신의 행동을 적는 활동**

누군가를 기쁘게 하거나 다른 사람에게 칭찬받았던 경험을 떠올려 보세요.

_____년 ____월 ____일   ____학년 ____반 이름: _____

❶ 다른 사람에게 도움이 되었던 나의 말이나 행동은 무엇인가요?	
누구에게 도움이 되었나요?	도움이 되었다고 생각하는 말이나 행동은?

❷ 왜 그 말이나 행동이 그 사람에게 도움이 되었을까요?

❸ 어떻게 하면 더 많은 사람에게 도움을 줄 수 있을까요?

어떤 일을 실천하고 싶나요?

5 자신의 단점을 뒤집어

난이도 ★★☆

이 세상에 자신의 모든 것을 사랑하는 사람은 없어요. 누구나 마음에 들지 않는 부분이나 싫은 구석을 가지고 있게 마련이에요. 나의 어떤 점이 마음에 들지 않나요? 그 점을 어떻게 하면 고칠 수 있을지 생각해 보세요. 또한 단점은 관점을 달리 해서 보면 장점이 되기도 해요. 단점을 고치는 방법을 찾는 과정에서 단점을 장점으로 바꾸는 생각의 전환이 이루어지기도 하죠. 그러니 단점을 고치려고 노력하면 오히려 자신감이 생길 거예요.

★ 활동 방법

❶ 오른쪽 표의 왼쪽 칸에 나의 고치고 싶은 점을 적어 보세요. 고치고 싶은 점이 많더라도 딱 세 가지만 골라서 적어 보세요.
❷ 오른쪽 칸에는 어떻게 하면 그 점을 고칠 수 있을지, 방법을 구체적으로 적어 보세요.
❸ 고치고 싶은 점을 장점으로 바꿔 적어 보세요.

단점: 생각 없이 덤벙대다 실수한다.
→ 장점: 빠르게 실행한다.

아야!
해 보자!
장점이 될 수도 있구나!

장점으로 바꾸어 보세요

도움말  말주변이 없는 사람은 자신감이 없는 경우가 많다. 자신감을 가지면 소통 능력을 키울 수 있다. 자신의 단점이라고 여기는 부분을 고칠 방법을 찾고, 관점을 바꾸어 단점을 장점으로 만들 방법을 떠올리는 일은 나 자신을 더 좋은 사람으로 만들고, 자신감을 심어 준다. 동시에 다른 사람과 소통하는 능력도 길러 준다.

1주

★ 고치고 싶은 점을 장점으로 바꾸는 활동

❶ 자신에게서 고치고 싶은 점을 꼽아 보고, 고치려면 어떻게 해야 하는지 구체적으로 적어 보세요.
❷ 관점을 바꾸어 고치고 싶은 점을 장점으로 적어 보세요.

_____년 ____월 ____일   ____학년 ____반 이름 : _____

고치고 싶은 점	고치기 위한 구체적인 방법
(예) 성격이 급하다.	▶ 행동하기 전에 할 일을 글로 정리해서 순서를 정한다. ▶ 하고 싶은 일과 해야 할 일을 구별한다.

고치고 싶은 점	장점으로 바꾸기
(예) 우유부단하고 소극적이다.	▶ 매사를 신중하게 생각한다.

1개월, 3년, 10년 뒤의

'상상할 수 있는 일은 현실에서도 이루어진다.'는 말이 있어요. 장래희망을 생각하고 그 꿈이 실제로 이루어지는 상황을 떠올리며 1개월, 3년, 10년 뒤의 목표를 세워 보세요. 목표를 자세하게 구체적으로 세워야 의욕을 북돋울 수 있어요. 의욕이 솟아나면 조금 힘든 일이 생겨도 잘 견디고 열심히 노력해서 이룰 수 있죠. 목표로 했던 일을 해내면 그만큼 자신감도 커져요.

★ 활동 방법

❶ 먼저 장래희망을 적어 보세요.
❷ 1개월 뒤에 되고 싶은 내 모습을 상상하여 적어 보세요. 꿈을 이루기 위해 가장 노력해야 할 일이 무엇인지도 적어 보세요.
❸ 3년 뒤에 되고 싶은 내 모습을 상상하여 적어 보세요. 중학생이나 고등학생이 되어 서서히 꿈을 향해 다가가는 자신의 모습을 상상해 보세요. 꿈을 이루기 위해 무슨 일을 해야 할지 알아보고, 노력할 일이 무엇인지 생각해 보세요.
❹ 10년 뒤에 되고 싶은 내 모습을 상상하여 적어 보세요. 꿈을 이룬 내 모습이 어떨지 떠올릴 수 있어요. 꿈을 현실로 만들기 위해 지금부터 시작해야 할 일, 꾸준히 노력해야 할 일이 무엇인지 생각해 보세요.

목표를 각각 세워 보세요

도움말
짧게(1개월 뒤), 조금 더 길게(3년 뒤), 많이 길게(10년 뒤) 이렇게 단기, 중기, 장기 세 단계로 기간을 정해 놓고 생각하면 미래의 내 모습을 구체적으로 상상할 수 있다. 나중에 중학교와 고등학교에 들어가서 어떤 목표를 달성하고 싶은지도 떠올려 본다. 목표 달성을 위해 무엇을 해야 할지 구체적으로 계획을 세울 수 있을 것이다.

1장

★ 꿈을 이루기 위한 계획을 세우는 활동

각 기간에 따라 내가 되고 싶은 모습을 상상하고, 그 모습이 되기 위한 계획을 구체적으로 세워 보세요.

_____ 년 ____ 월 ____ 일   ____ 학년 ____ 반 이름 : _____

나의 꿈	_____ 가(이) 되어 _____ 를(을) 한다.
내가 되고 싶은 모습	해야 할 일
1개월 뒤	
3년 뒤	
10년 뒤	

더 알아보기

사람들과 이야기를 나눌 때는 주제 선택이 중요하다. 흥미와 관심이 없으면 의미 있는 대화를 나누기 어렵기 때문이다. 또 주제가 좋아도 생각이 정리되지 않은 상태에서는 자신감 있게 말하기가 어렵다.
대화 주제에 대한 생각을 정리하는 방법으로 아래와 같은 활동지를 만들어 활용할 수 있다.

❶ 말하기의 기본 유형을 담은 활동지

- 저는 _____ 라고 생각합니다.

- 이유는 _____ 입니다.

- 첫째로 _____ 이기 때문입니다. 둘째로 _____ 이기 때문입니다. 셋째로 _____ 이기 때문입니다.

- 이와 같은 이유로 저는 _____ 라고 생각합니다.

기본 유형에 따라 단계별로 말하기에 어느 정도 익숙해지면 활동지를 사용하지 않고 간단한 쪽지만 보고 머릿속으로 말할 순서를 짜며 연습해 보자.
이렇게 하면 쪽지를 읽는 단계부터 자신의 언어로 말하는 단계로 차츰 나아가며 자신감을 기를 수 있다.

말하기에 도움이 되는 활동지 만들기

❷ 조사한 내용을 정리하는 활동지

말하기에 앞서 조사한 내용과, 대화하면서 새로 알게 된 사실을 적어 보는 활동지는 대화 내용을 정리하는 습관을 익힐 수 있게 한다. 말하고자 하는 의욕도 북돋아 주고, 생각을 정리하기 위한 보조 수단으로도 활용할 수 있다.

- 조사 과정에서 깨달은 점, 알아낸 사실
- 호기심을 유발한 부분
- 대화할 때의 느낌, 생각
- 다른 사람의 의견과 내 의견의 차이
- 대화 과정에서 새로 떠오른 생각

이밖에도 다양한 항목을 준비해 두자. 활동지를 꼼꼼히 다듬어 두면 다음에는 더 자신감을 가지고 발언할 수 있다. 또 마음에도 여유가 생겨 대화하면서 받는 질문에 즐겁게 대답할 수 있다.

2

다른 사람의 말을 잘 듣는 연습

'듣기'라고 하면 수동적인 느낌이 들어요. 하지만 듣기는 어떻게 듣느냐에 따라 말하는 사람에게 용기를 주고 의욕을 북돋아 주는 적극적인 행위가 돼요. 말하는 사람이 조금 서툴러도 듣는 방법을 알면 슬기롭게 이야기를 끌어낼 수 있어요. 잘 듣는 사람과 함께라면 말하는 사람도 생각을 넓혀 나갈 수 있지요.

이야기하기 편한 상대가

난이도 ★☆☆

다른 사람이 나를 이야기하기 편한 상대라고 생각할까요? 만일 그렇다면 기분 좋은 일이에요. 이야기를 잘 들어 주는 사람 앞에서는 말주변이 없는 사람도 신기하게 자꾸 말하고 싶어져요. 마치 다른 사람이 된 것처럼 말문이 트여 술술 말하게 돼요. 말하는 사람이 안심하고 이야기할 수 있는 상대가 되는 비결을 소개해 볼게요. 차근차근 살펴보고 실천해 보세요.

1 상대방의 눈을 바라보며 듣는다

말하는 사람의 눈을 부드럽게 바라보면 상대방이 자신의 이야기를 잘 들어 준다는 느낌을 받게 되어 안심하고 이야기를 이어 나갈 수 있어요.

말하는 사람의 눈을 바라보며 이야기를 들으면 상대방의 생각과 감정을 이해하기가 쉬워요.

2 맞장구를 치며 듣는다

말하는 사람의 이야기에 적절히 맞장구를 치면 말하는 사람은 자신의 이야기를 이해해 준다는 생각에 자신감을 가지고 계속 말할 수 있어요.

될 수 있도록 노력해 보세요

도움말
두 사람씩 짝을 지어 교대로 역할 놀이를 해 본다. 한 사람은 짝의 말을 잘 들어 주는 역할을 맡아 이야기에 맞추어 고개를 끄덕이거나 맞장구를 치며 집중해서 듣는다. 다른 한 사람은 짝의 말에 귀를 기울이지 않는 역할을 맡아 딴청을 피우거나 심드렁한 반응을 보이고, 도중에 말을 끊는다. 끝나면 어떤 느낌이 들었는지 서로 감상을 이야기해 본다.

2장

3 끝까지 듣는다

말하는 사람이 말하다 잠시 멈춰도 재촉하지 말고 조용히 기다려 주세요. 기다리지 못하고 내가 먼저 말하기 시작하면 말하는 사람은 생각을 잘 전달하지 못해 조바심이 나고 실망하게 돼요.

이야기하는 중간에 말하고 싶을 때는 그래도 좋을지 먼저 상대방에게 물어보세요.

4 웃지 않고 듣는다

여러 사람 앞에서 말하거나 발표할 때는 누구나 긴장할 수 있어요. 말실수하거나 중간에 말문이 막혀 더듬거릴 수도 있지만 괜찮아요. 기죽지 마세요.

말하다가 실수했을 때 다른 사람들이 웃음을 터트리면 상처를 받게 돼요. 또 말한 내용이 받아들여지지 않았다는 생각이 들어 다시는 사람들 앞에서 말하고 싶지 않을 거예요. 다른 사람이 말할 때는 함부로 웃지 말고 차분하게 귀를 기울여 주세요.

다른 사람의 이야기에

신나게 이야기하고 싶어도 무엇을 어떻게 말해야 할지 잘 모를 때가 있지 않나요? 말을 꺼내 놓긴 했는데 이어 가지 못해서 당황할 때도 있고요. 만약 앞에서 말하는 사람이 이런 상황에 처한 것 같다면, 이야기에 가만히 귀를 기울이고 맞장구를 치며 공감해 주세요. 그 사람은 신이 나서 열심히 이야기하게 되고 대화 분위기도 좋아질 거예요.

1 적절하게 맞장구를 친다

"정말?" "오!" "그렇구나."와 같이 이야기 내용에 맞추어 맞장구를 치며 들으면 말하는 사람은 이야기하기가 편해져요. 맞장구는 쉼표나 마침표처럼 이야기를 적절히 맺고 끊는 역할을 해 주어요.

2 상대방의 이야기를 따라 한다

말하는 사람이 전하려는 내용을 그대로 따라 하며 말해 보세요. 그러면 말하는 사람이 자신의 이야기에 귀를 기울여 준다는 느낌을 받게 돼요. 맞장구와 적절히 섞으면 훨씬 효과적이죠.

충분히 귀를 기울여 보세요

도움말
말하는 사람의 이야기에 흥미와 관심을 보이고 집중해서 듣는 태도를 길러 본다. 상대방이 어떤 기분으로 말하는지를 상상하며 들으려는 마음가짐이 중요하다. 우리는 각자 다른 생각을 가지고 살아간다. 상대방의 이야기에 바로 공감하지 못해도 다양한 사고방식을 인정하고 받아들이며 이야기를 듣는 자세가 필요하다.

2장

3 상대방의 마음을 헤아린다

말하는 사람의 기분을 생각하며 그 사람의 감정을 짧은 말로 대신 표현해 주세요. 상대방은 내가 자신의 이야기에 귀를 기울이고 있다는 사실을 알게 될 거예요.

4 이어질 말을 해 달라고 조른다

이어질 말을 재촉해 내가 관심을 가지고 진지하게 듣고 있음을 알려 주면 말하는 사람은 이야기를 이어 가기가 쉬워져요.

3 말하는 사람이 전하려는

우리는 다른 사람이 하는 말을 제대로 듣고 있을까요? 잘 들었다고 생각했는데 나중에 엉뚱하게 알아들었다는 사실을 깨닫고 당황한 적은 없나요? 친구와 사이좋게 지내려면 친구가 하는 말의 내용을 잘 이해하는 것은 기본이죠. 그러려면 친구의 말을 정확하게 들으려는 노력이 중요해요. 다른 사람의 말을 정확하게 듣는 방법을 익혀 보세요.

1 말하는 사람을 바로 보고 집중해서 듣는다

말하는 사람 쪽으로 몸을 향해야 잘 들을 수 있어요. 딴청을 피우며 산만하게 이야기를 들으면 중요한 내용을 놓치거나 잘못 들을 수 있죠.

2 말하는 사람이 가장 전하고 싶은 내용이 무엇인지 생각한다

상대방의 이야기를 대충 흘려듣지 말고 중요한 내용이 무엇인지 생각하며 들어요.

내용을 정확하게 들어요

도움말
'듣다'를 뜻하는 한자에는 들을 청(聽) 말고도 들을 문(聞), 들을 오(晤) 등이 있다. 이 글자들에는 모두 귀 이(耳)가 들어 있다. 상대방이 하고 싶은 말이 무엇인지 알려면 귀를 쫑긋 세우고 눈을 초롱초롱하게 뜨고 이야기에 집중해야 한다. 중요한 내용을 메모하거나 잘 이해가 가지 않는 부분은 따로 질문하는 습관을 기르면 더욱 정확하게 듣는 힘을 키울 수 있다.

2장

3 중요한 내용이 많을 때는 메모한다

중요하거나 꼭 기억해야 하는 내용은, 요점을 짧게 적어 두면 놓치거나 잘못 듣는 실수를 줄일 수 있어요.

4 놓쳤거나 이해가 가지 않는 부분은 질문한다

질문은 부끄러운 일이 아니랍니다. 모르는 채로 그냥 넘어갔다가 나중에 실수하거나 문제가 생길 수 있어요.

4 이야기를 들으며 나의

난이도 ★★☆

상대방의 이야기를 듣고 적절하게 반응하는 일은 생각보다 어려워요. 상대방의 이야기를 충분히 이해하고, 내 느낌과 생각을 말로 잘 표현해야 하기 때문이에요. 그러려면 무엇보다 집중해서 들어야 하죠. 내 소감을 적절하게 표현하면 내가 상대방의 이야기를 잘 들었다는 표시가 돼요.

1 내 생각과 같은 부분을 찾아낸다

말하는 사람의 의견에 동의하거나 공감할 수 있는 부분을 찾아내 말해 보세요.

2 내가 모르는 부분을 찾아낸다

다른 사람의 이야기를 듣고 처음 알게 된 내용이 있으면 소감을 이야기해 보세요. 말하는 사람은 자신의 이야기가 듣는 사람에게 도움이 되었다는 생각에 보람을 느낄 거예요.

소감을 적절하게 말해요

듣는 사람이 자신의 소감을 밝히면 말하는 사람이 자신의 마음을 열고 이야기를 계속하는 데에 도움이 된다. 또한 그게 계기가 되어 속 깊은 이야기를 끌어낼 수도 있다.

3 더 알고 싶은 부분을 찾아낸다

말하는 사람이 자랑스러워할 만한 부분, 자세하게 아는 부분을 찾아내 궁금한 점을 질문하고 더 알고 싶다고 표현해 보세요. 말하는 사람은 자신의 이야기를 관심 있게 들어 준다는 생각에 기쁠 거예요. 더 말하고 싶다는 의욕도 퐁퐁 샘솟겠죠?

4 내 생각을 말한다

말하는 사람이 전하고 싶은 핵심, 함께 생각해 주었으면 하는 주제를 찾아내면 내 생각을 정리하는 데에도 도움이 돼요.

5 하고 싶은 말을 편하게

난이도 ★★☆

전하고 싶은 말이나 하고 싶은 말이 있는데 듣는 사람이 잘 들어 줄까 싶어서 좀처럼 말이 나오지 않을 때가 있어요. 나뿐만 아니라 다른 친구도 그럴 거예요. 친구가 하고 싶은 말을 꺼내지 못하는 것처럼 보인다면 먼저 질문을 해서 말문을 터 주세요. 친구는 여러분이 자신의 이야기에 귀를 기울여 준다는 사실을 깨닫고 기꺼이 이야기를 시작할 거예요.

1 친구의 변화에 주목한다

머리 모양이나, 옷, 주변 물건 등에 변화가 생겼을 때 아는 척해 보세요. 또 즐겁거나 슬픈 기색이 보이는 등 평소와 다른 모습을 보일 때는 무슨 일이 있는지 물어보세요.

2 친구의 행동을 관찰한다

친구를 관찰하여 좋아하는 일이나 잘하는 일을 찾아내 대화를 시작하는 계기로 활용해 보세요. 친구가 그걸 좋아하는 이유나 관심사와 관련된 화제를 꺼내 친구가 말을 하기 쉽도록 해 주세요.

꺼낼 수 있게 질문해요

도움말  상대방의 재능이나 능력, 장점 등에 관심을 가지고 이를 소재로 대화를 시작하면 자연스럽게 말문이 트인다. 그렇다고 친구가 불편해하는 부분까지 꼬치꼬치 캐물으면 싫어할 수도 있으니 적당한 수준에서 관심을 보여 주는 세심한 배려가 필요하다.

2장

3 이전에 들은 이야기와 관련된 질문을 한다

만약 '형제자매가 있다'는 이야기를 들었다면 "몇 명이야?" "몇 학년이야?"라고 이어 물어볼 수 있어요.

4 친구가 중요하게 여기는 것과 관련된 질문을 한다

친구가 좋아하고 중요하다고 생각하는 것에 대하여 질문하면 친구는 힘을 얻어 대답할 거예요. 그러면 자연스럽게 이야기를 끌어 나갈 수 있어요.

정말로 하고 싶어 하는

난이도 ★★★

우리가 늘 생각이나 감정을 말로 정확하게 표현하는 것은 아니에요. 하고 싶은 이야기가 말로 잘 표현되지 않을 때도 많죠. 그래서 대화할 때는 상대방이 하는 말을 정확하게 들어야 할 뿐 아니라 상대방이 정말로 전하려는 내용이나 감정을 읽어 내려는 자세가 필요해요. 상대방의 이야기를 들으며 말하는 사람이 무엇을 어떻게 하고 싶어 하는지를 머릿속에서 정리해 보세요.

1 장면을 상상하며 듣는다

머릿속으로 장면을 상상하며 상대방의 이야기를 들어 보세요. 상상하며 들으면 말하는 사람의 기분이 한층 생생하게 다가와요.

2 핵심이 되는 말을 파악하며 듣는다

상대방의 이야기를 이해하기 위해 어떤 일이 있었고 어떻게 느끼고 생각했는지를 짐작하게 하는 중요한 말들을 찾아보세요.

말이 무엇인지 알아보세요

2장

 **도움말**

장면을 상상하며 이야기를 듣거나 핵심어를 찾아내며 듣기를 연습하면, 설명이 좀 부족하거나 표현 방식이 서툴러도 상대방이 하고 싶은 말이 무엇인지, 기분이 어떠한지 파악할 수 있다. 이렇게 계속 대화하면 서로 믿고 기댈 수 있는 든든한 친구가 될 수 있을 것이다.

3 육하원칙에 집중하며 듣는다

상대방의 이야기가 정리되지 않을 때 이야기를 통째로 들으려 하면 머릿속에서 내용이 뒤죽박죽될 거예요.

육하원칙에 집중해서 듣고, ❶~❺ 순서대로 정리하면 잘 이해할 수 있어요.

4 이야기를 그림으로 나타낸다

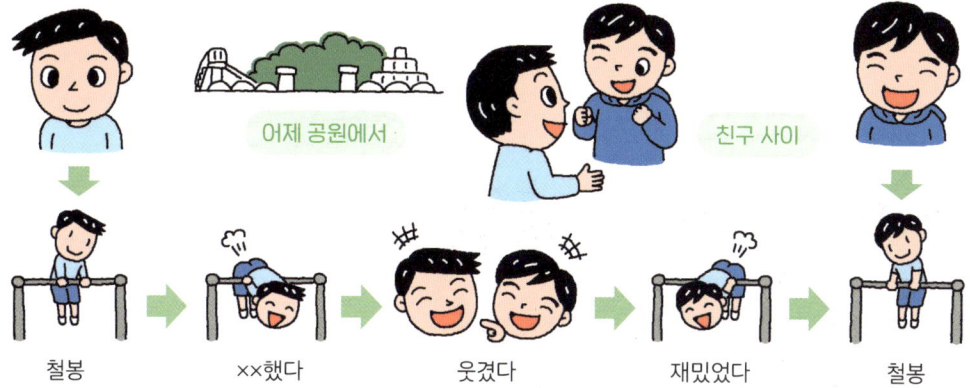

위의 그림처럼 이야기를 육하원칙에 따라 화살표를 사용해 표현하면 당시 상황과 기분을 한층 생생하게 상상할 수 있어요.

새로 깨달게 된 점을

난이도 ★★★

대화할 때 친구의 이야기나 의견을 듣고 놀라거나 감탄할 만한 부분을 찾은 적이 있나요? 다른 사람과의 대화는 이제까지 내가 몰랐던 새로운 생각을 하게 되는 실마리가 되기도 해요. 친구의 이야기나 의견에서 어떤 부분이 어떻게 놀라웠는지를 친구에게 말해 보세요.

1 감탄하고 공감했다면 받아들인다

친구의 의견에서 감탄하거나 공감할 만한 부분이 있을 때는 솔직하게 인정하고 받아들여요.

2 어떤 부분에서, 어떤 것을 느꼈는지를 이야기한다

친구의 의견을 듣고 어떤 부분에서 어떻게 느꼈는지를 떠올리고, 나의 새로운 생각이 어떻게 해서 나왔는지를 밝혀 보세요. 이유가 명확하면 사람들을 효과적으로 설득할 수 있어요.

상대방에게 알려 주세요

생각과 의견을 바꾸는 일을 '내가 졌다'거나 '부끄럽다'고 여기고, 좀처럼 다른 사람의 주장을 받아들이지 못하는 사람이 있다. 하지만 생각의 변화를 긍정적으로 받아들이면 시야가 넓어지고 사고가 깊어진다. 한 걸음 더 성장하는 것이다. 여기에서는 자신의 의견을 바꾸는 게 바람직하고 성숙한 행동임을 의도적으로 경험해 본다.

3 내 생각이 어떻게 변화했는지를 살펴본다

처음에는 저 의견이 별로라고 생각했는데, 듣고 보니 저렇게 할 수도 있구나 싶어. 맞아. 나도 찬성이야.

친구의 의견에서 어떤 부분을 듣고 감탄했는지를 살펴보면 내 의견에서 어떤 부분이 달라졌는지도 명확하게 깨달을 수 있어요.

4 좋은 의견에는 감사한다

네 덕분에 다들 동의할 수 있는 결론을 내릴 수 있었어. 고마워.

헤헤, 내가 뭘. 쑥스럽지만 기분은 좋네!

용기 내어 말하길 잘했어! 다음에도 그렇게 해야지.

좋은 의견을 말해 준 친구에게는 감사의 말을 건네 보세요. 그 의견을 말한 사람은 자신의 의견이 받아들여져서 기쁠 거예요. 자신감도 생겨서 다음에도 소신껏 의견을 말할 수 있겠죠?

8 반대에 부딪히더라도

난이도 ★★★

사람들과 이런저런 이야기를 나누다 보면 내 의견과 생각을 다른 사람이 알아주지 않을 때가 있어요. 누가 내 말에 반대하면 부끄럽기도 하고, 왜 그런 말을 했는지 후회하거나 자신이 한심하게 느껴질 수 있죠. 또 반대를 너무 심하게 하면 순간적으로 화가 치밀어 싸움으로 번질 수도 있을 거예요. 이럴 때 서로 불쾌하지 않도록 화해하고 이야기를 계속해 나가는 방법을 익혀 보세요.

1 신경을 완전히 다른 데로 돌려 기분을 전환한다

다른 사람이 내 의견이나 생각에 반대한 순간을 곱씹으며 우울하게 있어 봤자 바뀌는 건 하나도 없어요. 잠깐이라도 거리를 두고 다른 일을 생각하면 기분이 한결 편안해질 거예요.

2 입장을 바꾸어 생각해 본다

한 가지 의견만 고집하지 말고 다른 방법이 없는지 생각해 보세요. 또 입장을 바꾸어 그 사람이 어떤 기분일지를 생각하며 자신의 의견을 객관적으로 점검해 보세요.

마음을 다치지 않아요

도움말 열심히 생각하고 준비한 의견을 다른 사람이 반대하고 나서는 경험을 한 번쯤은 해 본 적이 있을 것이다. 그렇더라도 기죽지 말고 다시 일어나는 힘을 길러야 한다. 대화하다가 상처를 심하게 받았을 때에도 회복할 시간을 충분히 가지는 게 좋다. 주위 어른이나 친구의 도움을 받으면 마음을 빨리 회복하는 데 효과가 있다.

3 왜 반대했는지 이유를 물어보고 해결 방법을 찾는다

- **반대 이유와 해결법**

  시간이 없다.
  ▶ 담당을 정해서 부담을 줄인다.
  어떻게 해야 할지 모르겠다.
  ▶ 여럿이 같이 의논해서 방법을 찾는다.
  참여 안 하는 애들이 많을 것이다.
  ▶ 참여 의사를 먼저 물어본다.

내 의견에서 어떤 부분이 문제라고 행각해서 반대했는지 물어보고, 해결 방법을 종이에 한번 적어 보세요. 내 생각에서 어떤 점이 좋고, 어떤 점이 문제인지 차분하게 생각해 볼 수 있어요. 상처받은 마음을 다독이고 용기를 북돋는 데에도 도움이 돼요.

4 속상한 마음을 친구에게 말한다

자기 경험을 솔직하게 친구에게 말해 보세요. 다들 비슷한 경험을 했다는 사실을 깨달으면 마음이 한결 가벼워질 거예요.

💬 독서와 대화

독서는 자신과 마주하며 깊이 생각할 수 있는 소중한 시간을 준다. 또한 독서에는 나와 다른 세계를 알고 새로운 발견을 하는 기쁨이 있다. 등장인물과 함께 기뻐하고 슬퍼하고 눈물을 흘리는 경험을 통해 인간과 사회, 자연에 대한 존경심도 기를 수 있다.

또 독서를 하면 어휘력이 풍부해진다. 어휘력이 풍부해지면 다른 사람과 소통하는 힘을 키울 수 있다. 독서는 작가의 말을 귀 기울여 듣는 경험이기도 하다. 따라서 책과 친해지면 다른 사람의 말을 경청하는 습관도 기를 수 있다.

독서는 언어에 집중해 내용을 이해하는, 긴장감을 동반한 적극적인 활동으로 소통 능력의 밑거름이 되고 인간으로서의 폭을 넓혀 주며 자신감을 북돋아 주는 활동이다.

💬 독서를 활용한 활동

★ **저학년 - 좋아하는 책 소개하기**

❶ 각자 자신이 좋아하는 책을 고른다.
❷ 두 명씩 짝지어 모둠을 짠다.
❸ 교대로 자신이 고른 책에서 어떤 부분이 좋은지를 설명한다.
❹ 이야기를 들은 사람은 말한 사람에게 질문한다.
❺ 효과적으로 전달하는 방법을 알아보고, 실제 책을 꺼내 소개한다.
❻ 상대를 바꾸어 ❶~❹를 반복한다.

대화의 바탕이 되어 주는 독서

★ 중학년 - 소리 내어 함께 읽기
1. 4~5명이 모여 모둠을 짠다.
2. 모둠끼리 토론해 소리 내어 읽을 책을 한 권 선정한다.
3. 책에 나오는 장면이나 등장인물의 기분을 모둠별로 이야기하고, 소리 내어 읽는 방법을 생각해 본다.
4. 소리 내어 읽는 연습을 해 본다. 다 같이 소리 내어 읽을 수 있도록 담당 부분을 정한다. 서로 읽는 부분을 들어 주며 느낌을 이야기해 준다.

★ 고학년 - 종이 인형극 발표하기
1. 4~5명이 모여 모둠을 짠다.
2. 각자 자신이 연기하고 싶은 등장인물을 상상한다.
3. 나이, 성격, 특기, 외모 등을 자유롭게 떠올려 본다.
4. 각자 생각한 등장인물을 모아 각 모둠에서 종이 인형극을 짠다.
5. 발표할 때 제한 시간을 정한다.
6. 종이 인형극을 연습한다.
7. 종이 인형극 발표회를 연다.

3

내 생각을 잘 말하는 연습

자기 생각을 말할 때 자신감이 없으면 듣는 사람이 어떻게 생각할지 고민하거나, 틀리지 않을까 불안해 떨게 돼요. 처음부터 술술 자기 생각을 잘 말해야 한다는 부담감을 가지지 마세요. 잠시 멈춰 서서 생각을 차분하게 가다듬는 시간도 필요해요. 자기 생각을 자신 있게 표현할 수 있는 비결을 배워 보세요.

용기 있게 소리 내어

난이도 ★☆☆

남들 앞에서 말하려면 누구에게나 용기가 필요해요. 말하기의 첫걸음은 입을 열어 소리를 내는 일이에요. 소리 내어 말하는 연습을 해 보세요. 그냥 하던 대로 소리만 내지 말고 감정을 실거나 목소리의 크기나 음색을 바꾸는 등 다양한 방식으로 소리 내어 말하기를 해 보세요. 그러다 보면 말하기에 대한 용기가 점차 솟아날 거예요.

1 다양한 방법으로 목소리를 내 본다

아야어여오요우유으이.

● 입을 크게 벌리고

● 아기 같은 목소리로
옹알 옹알

● 볼에 손을 얹고

● 나지막한 목소리로

처음에는 여기에 나온 방법을 따라 해 보고, 조금 익숙해지면 어떤 목소리를 낼지 스스로 생각해서 해 보세요.

2 친구와 마주 보고 목소리를 내 본다

시작! 간장공장 공장장은 강공장장이고

내 차례! 된장공장 공장장은 장공장장이다.

연습 상대가 있으면 말하는 마음가짐이 달라져요. 누군가 내 말을 듣는다고 생각하면 좀 더 신중하게 발음하게 돼요.

한 사람은 교실 앞에 서고 한 사람은 뒤에 서거나, 한 사람은 운동장 이쪽 끝에 서고 한 사람은 저쪽 끝에 서는 식으로 서로 멀리 떨어진 거리에서 상대방에게 들리도록 우렁찬 목소리로 말해 보세요.

말하는 연습을 해 보세요

도움말  소리 내어 말하는 연습을 꾸준히 계속하면 처음에는 작은 목소리로 말하던 친구도 점점 큰 소리로 말할 수 있게 된다. 말하기에 대한 거부감도 점차 사라질 것이다. 소리 내어 글 읽기, 다 같이 읽기, 외워서 말하기 등 다양한 방법으로 목소리를 내는 연습을 하면 효과를 높일 수 있다.

3주

3 시 암송에 도전해 본다

처음에는 교과서를 소리 내어 읽는 연습을 반복해 보세요. 몇 번씩 읽다 보면 자연스럽게 문장을 외울 수 있게 되어요.

좋아하는 시를 골라 여러 차례 반복해서 읽고, 어느 정도 외우게 되면 보지 않고 입으로 외워 보세요. 누군가에게 이야기를 들려주듯, 시가 전하는 느낌을 암송으로 표현해 보세요. 중요한 단어는 천천히 읽거나 시선을 움직이며 읽는 등 읽는 방식을 달리하며 여러 번 소리 내어 암송해 보세요.

4 시 암송을 들려주고 친구에게 평가를 부탁한다

암송에 익숙해지면 친구에게 한번 들어 봐 달라고 해 보세요. 암송을 시작하기 전에 "시작한다."라고 말하고, 끝내고 나서 "어땠어?"라고 질문하여 친구의 소감을 들어 보세요.

듣는 사람이 이해하기

용기를 내서 어렵게 말을 꺼냈는데 하고 싶은 말을 제대로 전하지 못한 적이 있나요? 열심히 말했는데도 듣는 사람이 "무슨 말인지 모르겠어. 알아들을 수 있게 다시 말해 봐."라는 반응을 보일 때가 있어요. 이런 일이 생기면 기운이 쭉 빠지고 말아요. 내가 하고 싶은 말이 제대로 전달되지 못하는 데는 몇 가지 이유가 있어요. 그 이유를 알아보고, 하고 싶은 말을 듣는 사람에게 효과적으로 전달하는 비결을 몇 가지 살펴보아요.

1 문장 끝까지 또박또박 말한다

말하는 도중에 목소리가 점점 작아지거나 하던 말을 멈추면 상대방이 오해하는 일이 생기거나 내가 하고 싶은 말을 제대로 전할 수 없게 돼요.

내가 하고 싶은 말이 듣는 사람에게 잘 전해지도록 단어 하나하나 문장 끝까지 또박또박 말하는 습관을 길러 보세요.

2 결론-이유-결론 순서로 말한다

처음에 가장 전하고 싶은 말(결론)부터 말하면 무슨 말을 하고 싶은지, 듣는 사람이 쉽게 이해할 수 있어요. 그런 다음 그렇게 생각한 이유와 자세한 설명을 덧붙이고, 마지막에 다시 결론을 반복하여 말하면 설득력이 높아져요.

쉬운 방식으로 말해요

도움말

듣는 사람을 중심으로 말하는 연습을 하기 위해 두 사람 이상이 모여 화제를 정해 놓고 이야기를 해 본다. 이때 최대한 듣는 사람이 알아듣기 쉽게 말한다는 마음가짐을 가지고 임한다. 마지막에 서로 잘한 부분과 못한 부분을 이야기하고 평가한다. 또 보고하기, 설명하기 등 다양한 말하기를 경험하며 듣는 사람이 이해하기 쉽게 말하는 방법이 무엇인지 생각해 본다.

3장

3 강약을 조절한다

자신이 가장 전하고 싶은 중요한 부분을 특히 또렷하게 천천히 말하면 전달하고 싶은 내용이 명확해지고 듣는 사람도 한결 쉽게 이해할 수 있어요.

• **연습해 보자!**

<u>어제</u>, ○○랑 공원에서 놀았어.
어제, <u>○○랑</u> 공원에서 놀았어.
어제, ○○랑 <u>공원에서</u> 놀았어.

가장 전하고 싶은 내용, 중요하다고 생각하여 강조하고 싶은 부분에 밑줄을 긋고 그 부분을 또박또박 천천히 말해 보세요. 친구에게 들려주며 듣는 사람에게 어떻게 전달되는지를 비교해 보세요.

4 잠시 멈추고 뜸을 들인다

말하다 잠시 뜸을 들이면 듣는 사람은 다음 내용이 궁금해지겠죠? 동시에 말하는 사람은 이때 듣는 사람의 반응을 확인하거나 말하려는 내용을 머릿속에서 정리할 수 있어요.

'~잖아?' '~아니야?' 등 묻는 말로 잠시 뜸을 들였다가 반응을 살피면 듣는 사람이 계속 관심을 갖게 하는 데에 도움이 돼요.

3 좋은 인상을 남기도록

난이도 ★☆☆

처음 다른 사람 앞에서 말을 꺼낼 때는 누구나 '다른 사람이 어떻게 생각할까?'라는 걱정에 가슴이 울렁거리고 긴장으로 온몸이 얼어붙어요. 하지만 걱정하지 마세요. 친구들은 여러분을 알고 싶다고 생각하며 이야기에 귀를 기울여 줄 테니까요. 마음을 편하게 먹고 이야깃거리를 몇 개 준비하여 친구들의 인상에 남을 만한 자기소개를 해 보세요. 방법만 알면 누구나 상대방에게 좋은 인상을 주는 자기소개를 할 수 있어요.

1 이름의 유래를 말한다

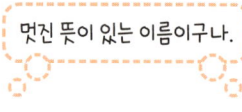

자기소개에서 중요한 대목은 자신의 이름을 상대방이 기억할 수 있게 만드는 거예요. 자신의 이름에 대해 설명하면 듣는 사람에게 선명한 인상을 남기고 자신만의 개성을 표현할 수 있어요.

2 잘하는 일과 좋아하는 일을 말한다

잘하는 일과 좋아하는 일, 즉 특기와 취미라면 자신 있게 말할 수 있죠. 듣는 사람에게 공감을 불러일으키거나 서로 다른 점이 무엇인지 알려 줄 수 있어요. 서로를 알아 갈 수 있는 기회로 활용해 보세요.

자신이 잘하는 일을 실제로 보여 주면 자신만의 특징을 훨씬 잘 표현할 수 있어 듣는 사람의 마음을 단숨에 사로잡게 돼요.

자기소개를 해 보세요

도움말

자기소개의 목적은, 자신을 빨리 기억시키고 나라는 사람을 더 알고 싶다는 마음을 상대방에게 불러일으키는 것이다. 3~4명이 모여서 각자 자기소개를 해 본다. 자기소개를 모두 마치고 나면 친구의 자기소개를 듣고 새로 알게 된 사실을 바탕으로 서로 묻고 대답하며 대화를 이어 간다.

3장

3 삼행시를 활용한 자기소개를 해 본다

이름만 들어도

호감이 가는

준비된 여러분의 친구 '이호준'입니다.

이름을 한 글자씩 놓고 문장을 만드는 '이름 삼행시'를 지어 보세요. 듣는 사람에게 깊은 인상을 남기는 방법 가운데 하나예요. 삼행시를 자기소개에 활용할 때는 한 글자씩 연극을 하듯 동작과 함께 발표하거나, 한 글자에 한 장면씩 사진을 보여 주며 발표하면 자기소개 시간이 한층 즐거워져요.

4 실물이나 사진 등을 활용한다

실물이나 사진을 보여 주며 자기소개를 하면 시각적 정보가 더해지며 듣는 사람에게 선명한 인상을 남길 수 있어요. 보다 화제가 넓어지고, 자기소개 시간의 분위기를 좋게 하는 방법이에요.

내 말을 들어 주었으면

처음부터 말을 너무 잘하려고 애쓰지 않아도 괜찮아요. 표현이 조금 서툴러도 내 이야기를 들어 주었으면 하는 마음으로 말하면 듣는 사람도 내 말에 귀를 기울여 줄 테니까요. 그런데 아무리 간절한 마음으로 말해도 그 간절함이 태도나 말로 드러나지 않으면 듣는 사람은 여러분의 마음을 알아차릴 수 없어요. 내 말을 들어 주었으면 하는 마음을 표현하는 연습을 해 보세요.

1 듣는 사람의 눈을 바라본다

상대방의 눈을 보며 말하면 내 생각을 더욱 강렬하게 전달할 수 있어요. 눈을 똑바로 보는 게 부담스럽다면 시선을 분산시켜 상대방의 얼굴 전체를 봐도 좋아요. 그래도 부담스럽다면 상대방 전체를 바라보는 방법도 있으니 쉬운 것부터 차례대로 한번 도전해 보세요.

2 "들어 봐."라고 말하고 이야기를 시작한다

"들어 봐." 또는 "그거 알아?" 등 상대방에게 말을 시작한다는 신호를 주고 말을 걸면 듣는 사람은 이야기를 들을 마음의 준비를 하고 귀를 기울일 수 있어요.

하는 마음을 드러내요

도움말 우물쭈물하며 아래를 보거나 말문을 쉽게 떼지 못하거나, 반대로 하고 싶은 말을 일방적으로 늘어놓으면 상대방은 듣고자 하는 의욕이 사라진다. 상대방의 반응을 살피며 듣는 사람이 관심을 가지고 내 이야기를 들을 수 있게 말하는 방법을 연습해 본다.

3주

3 이야기를 마치고 질문이 있는지 확인한다

이야기를 마치고 "질문 있는 사람?"이라고 물으면 듣는 사람을 존중하는 마음을 전할 수 있어요. 말하는 사람만 일방적으로 말하지 않고, 말하는 사람과 듣는 사람이 공을 주고받듯 상호 작용을 하며 대화할 수 있게 돼요.

4 자신의 말하는 방법을 점검해 본다

- **말하는 방법 확인하기**
  - 모두에게 들리는가, 반대로 목소리가 너무 크지는 않나
  - 말이 너무 빠르지는 않나
  - 너무 어려운 말을 쓰지는 않나
  - 미처 말하지 못한 내용은 없나

듣는 사람의 시각에서 자신의 말하는 방법을 점검해 보세요. 또 듣는 사람이 어려워하는 부분이 있다면 고쳐 말해 보세요.

5 말을 하기 전에 먼저

난이도 ★★☆

갑자기 누군가 의견을 물어서 대답해야 하거나 생각을 바로 말해야 하는 상황에 처하면 순간적으로 말문이 막힐 수 있어요. 머릿속으로 열심히 생각했는데 생각이 정리되지 않거나 말로 표현하지 못해 애를 먹는 사람도 있을 거예요. 말할 내용이 정해져 있는 경우라면 미리 자기 생각을 차분하게 정리해 두세요. 조금 더 편안하게 자신감을 가지고 설득력 있게 말할 수 있어, 듣는 사람이 이해하기 쉽게 내용을 잘 전달할 수 있을 거예요.

1 말할 내용을 준비하면서 사고의 폭을 넓힌다

말하기 전에 화제에 대해 미리 조사를 하고, 친구나 가족과 함께 연습 삼아 대화를 나누면 생각이 풍부해지고 더 자신 있게 자기 생각을 말할 수 있어요.

2 생각을 논리적으로 정리한다

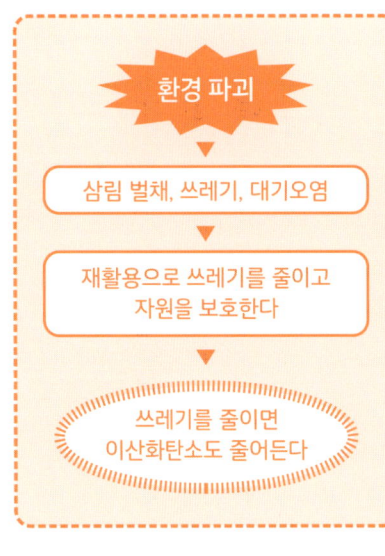

생각한 내용을 화살표를 활용해 정리해 보세요. 하나의 생각에서 '→'로 이어 가며 그렇게 생각한 이유와 근거, 구체적인 예 등 생각을 뒷받침할 수 있는 이야깃거리를 적어 나가다 보면 더 폭넓게 사고하고 짧은 시간에 간결하게 생각을 정리할 수 있어요.

생각을 정리해 보세요

도움말
말할 내용을 단순히 정리하는 데서 그치지 않고 왜 그렇게 생각하는지, 어떤 사례가 있는지 등 내 생각을 뒷받침해 주는 자료까지 미리 준비해 두면 훨씬 더 조리 있게 말할 수 있다. 또 토론이나 회의를 할 때 생각을 미리 정리해 두면 다른 사람의 생각을 듣고 자기 생각과 비교하며 새로운 생각을 떠올리는 데에도 도움이 된다.

3장

3 말하는 순서를 정해요

제목 :		
1	요점	이유, 근거, 사례 등
2		
3		
4		
5		

말할 내용과 순서를 정해 종이에 적어 보세요. 번호를 매겨 요점을 정리하고 그 순서대로 말해 보세요.

4 말하는 연습을 한다

미리 적어 둔 종이를 바탕으로 말하는 연습을 반복해서 하면 실전에서 자연스럽게 말할 수 있게 돼요. 이때 연습 목적은 말할 내용을 외우는 게 아니에요. 전하고자 하는 내용에 집중해 순서대로 말할 수 있도록 연습해 두는 거예요.

• 연습 포인트
- 전하고자 하는 내용에 집중하며 종이를 보고 순서대로 말한다.
- 듣는 사람이 이해하기 쉽게 말하려고 노력한다.
- 준비한 내용을 모두 말하는 데에 얼마나 걸리는지 시간을 재 본다.

말하기를 뒷받침하는

난이도 ★★☆

자기 생각을 말할 때 참고할 자료가 있으면 훨씬 조리 있게 말할 수 있어요. 듣는 사람도 자료를 보며 이야기를 들을 수 있어 이해하기 쉽고요. 하지만 자료를 효과적으로 사용하지 못하면 오히려 전하고자 하는 내용이 불분명해지기도 해요. 내 생각을 표현하는 데에 효과적인 자료를 모으고 선별하여 활용하는 방법에 대해 알아보아요.

1 실물을 활용한다

실물을 보여 주며 설명하면 듣는 사람이 관심을 가지고 들여다보거나 손으로 만져 볼 수 있어요. 듣는 사람이 관심을 보이면 말하는 사람도 더욱 신이 나서 말할 수 있겠죠?

2 사진을 활용한다

어떤 대상의 모습이나 상황을 설명할 때는 사진을 활용하면 효과적이에요. 말만으로 전하기 어려운 세세한 부분도 한눈에 알 수 있게 바로 전달할 수 있어요.

효과적인 자료를 준비해요

도움말 책이나 인터넷에서 말할 내용에 대해 조사하여 사진, 그림, 실물 등 다양한 자료를 모아 본다. 그 가운데 활용할 수 있는 자료를 추리고, 듣는 사람의 이해를 도울 수 있도록 자료를 수정하고 배열하여 말하기에 효과적으로 활용할 수 있도록 한다.

3 그래프를 활용한다

어떤 대상을 비교하거나 상황의 변화를 보여 주고 싶을 때는 그래프나 그림을 활용해 보세요. 차이점이나 변화의 모습을 인상적으로 전달할 수 있어요.

4 나만의 표어를 만들어 활용한다

표어는 하고 싶은 말을 인상적으로 짧게 압축한 문구를 말해요. 표어를 내걸면 요점을 바로 전달할 수 있고, 듣는 사람도 이야기의 내용에 관심을 가지고 집중해서 들을 수 있어요.

7 솔직하게 자신의 의견을

난이도 ★★☆

자신의 의견을 솔직하게 말하려면 용기가 필요해요. 겁이 나거나 쑥스럽다고 해서 의견을 말하지 않으면 다른 사람과 소통할 수 없어요. 그런데 용기를 내는 데에도 비결이 있어요. 의견을 말하기 전에 준비를 꼼꼼히 하고 자신의 의견을 잘 전달할 수 있도록 말하는 방법을 익혀 두면 불안이 사라지고 효과적으로 의견을 밝힐 수 있거든요.

1 용기를 내기 위한 목표를 세운다

'오늘은 수업 시간에 한 번은 손을 들고 발표한다.'와 같은 목표를 미리 세워 보세요. 목표를 세우면 그 목표를 달성하고 싶은 마음에 용기가 샘솟을 거예요.

2 말할 순서를 정해 둔다

미리 하고 싶은 말과 순서를 쪽지에 정리해 두세요. 쪽지를 보며 말하면 한결 마음이 편안해지고 소신껏 의견을 말할 용기가 생겨요.

밝히도록 노력해 보세요

도움말 갑자기 여러 사람 앞에서 의견을 말할 용기가 나지 않을 때는 먼저 주위 친구들과 가볍게 의견을 나눠 본다. 내 의견을 지지해 주는 친구가 있으면 의견을 말할 용기가 생길 것이다. 의견을 잘 밝히고 나면 자신감이 부쩍 생기고 친구와 통했다는 기쁨을 나눌 수 있게 된다.

3주

3 순서를 정해 놓고 의견을 말한다

1. 하고 싶은 말이나 결론, 2. 그렇게 생각하는 이유의 순서로 의견을 말해 보세요. 정해진 순서에 따라 의견을 말하면 실수할 걱정을 덜고 용기를 낼 수 있어요.

4 '공감 문구'를 몇 가지 준비한다

상대방의 의견에 대한 반대를 하거나 다른 의견을 말하려면 더 큰 용기가 필요해요. 다른 의견을 말하기 전에 '공감 문구'를 몇 가지 준비해 보세요. '공감 문구'를 통해 상대방은 자신의 의견이 일단 받아들여졌다는 사실을 알 수 있어 자신과 다른 의견에도 귀를 기울일 마음의 여유가 생겨요.

8 표정, 몸짓, 손짓 등을

난이도 ★★★

듣는 사람에게 자기 생각을 전달하는 수단은 말 이외에도 여러 가지가 있어요. 슬프거나 화났을 때의 기분을 떠올려 보세요. 아마 말보다 표정으로 감정이 먼저 드러났을 거예요. 상대방에게 내 생각을 전할 때 꼭 말로 표현해야 한다는 고정관념을 버리고, 표정과 몸짓, 손짓 등을 활용해 보세요.

1 웃는 얼굴로 말을 건다

웃는 얼굴로 말을 걸면 친해지고 싶다는 마음이 상대방에게 전해져 상대방도 마음을 열고 편안하게 이야기를 들어 줄 거예요.

2 목소리 높낮이와 크기에 신경 쓰며 말한다

같은 내용을 말해도 목소리 높낮이나 크기, 말하는 속도에 따라 상대방에게 주는 인상이 달라질 수 있어요. 의견을 밝힐 때는 힘 있는 목소리로 또랑또랑하게 말해 보세요. 또한 다른 사람을 배려하며 말을 걸 때는 따뜻한 목소리로 차분하게 말을 걸어 보세요.

더하여 말해 보세요

도움말
표정과 몸짓, 손짓 등 말을 사용하지 않는 의사 표현은 때로 말보다 더 큰 호소력을 발휘한다. 웃는 얼굴, 화난 얼굴, 슬픈 얼굴, 우는 얼굴 등 거울을 보며 이런저런 표정을 연습해 본다. 또 말을 사용하지 않고 몸짓과 손짓만으로 기분을 전하는 연습도 해 본다.

3 중요한 내용은 몸짓, 손짓을 곁들여 말한다

중요한 부분에서는 몸짓, 손짓을 섞어서 말하면 말하는 사람에게 시선이 집중되어 듣는 사람이 진지하게 귀를 기울일 수 있어요.

4 몸짓, 손짓만으로 표현해 본다

① 4~5명이 모둠을 만든다.
② 고릴라, 토끼, 햄스터 등 다양한 동물 이름을 적은 카드를 준비한다.
③ 한 사람이 한 장씩 카드를 뽑는다.
④ 자신이 뽑은 카드에 적힌 동물을 표정과 몸짓, 손짓으로 표현한다.
⑤ 다른 사람들은 어떤 동물인지 알아맞혀 본다.

하기 힘든 말을 꺼내기

사람의 생각은 각양각색이에요. 같은 의견인가 싶었는데 듣다 보면 내 생각과 다른 부분이 있어 거슬릴 때가 있어요. 이야기를 나누다 보면 의견이 대립하는 건 당연한 일이에요. 때로는 불편한 말을 꺼내야 하는 상황도 있을 수 있어요. 하기 힘든 말도 서로 편히 할 수 있는 관계를 만들어 나가는 일이 중요해요. 거슬리는 이야기도 서로 기분이 상하지 않게 말하는 방법을 연습해 보세요.

1 평소에 좋은 관계를 만들어 둔다

상대방의 의견에 반대하거나 비판해서 친구와 사이가 나빠진 적이 있을 거예요. 평소에 좋은 관계를 유지하면 거북한 이야기도 조금은 수월하게 주고받을 수 있어요.

2 상대방의 의견을 확인하고 나서 내 의견을 말한다

상대방의 의견을 확인하고 나서 내 의견을 말하면, 일방적으로 무조건 반대하거나 무시한다는 느낌을 주지 않아 듣는 사람도 편안하게 들을 수 있어요.

전에 방법을 먼저 고민하세요

도움말 때로는 서로 불편하게 만드는 말이나 귀에 거슬리는 말도 해야 할 때가 있다. 서로의 의견이나 상대방을 무시하기 위해서가 아니라 서로를 더 잘 이해하고 더 나은 결론을 내기 위해서이다. 이런 때를 대비해 자기 생각을 논리적으로 차분하게 말하는 힘을 충분히 길러 두어야 한다.

3장

3 반대하는 이유를 말하는 데에 집중한다

● 반대 의견만 말하는 경우

마음에 들지 않으면 무턱대고 반대 의견을 말하는 친구가 있어요. 상대방은 자신의 의견을 부정당해 속이 상하고 반발심이 생길 수 있으니 반대하는 말을 하는 요령을 배워 보세요.

● 반대하는 이유를 함께 말하는 경우

반대하는 이유를 확실히 말해야 상대방은 자신의 의견을 부정당했다는 불쾌한 기분을 느끼지 않고 감정이 상하지 않은 상태에서 차분하게 대화를 이어 나갈 수 있어요.

10 깊은 속마음과 고민도

난이도 ★☆☆

누구나 고민이 하나쯤은 있어요. 다른 사람이 내 고민을 들어 주거나 조언해 주면 마음이 한결 편안해지고 고민을 해결할 실마리도 얻을 수도 있어요. 그러나 자신의 고민을 털어놓으려면 큰 용기가 필요하죠. 누구에게 고민을 털어놓을지 또 어디에서 어떻게 말할지를 차분히 생각하다 보면 고민을 말로 꺼낼 수 있는 용기도 생길 거예요.

1 고민에 따라 상담하는 사람을 바꾼다

'친구와 싸웠다, 통통한 몸매가 마음에 들지 않는다, 축구 경기할 때 매일 후보 신세로 벤치만 지키고 있다, 따돌림을 당한다.' 등 고민의 종류는 아주 다양해요. 고민하는 이유, 고민이 얼마나 심각한지도 다 다르죠. 어떤 고민인지에 따라 누구에게 상담하는 게 좋은지가 달라져요.

2 조용한 장소에서 상담해요

조용하고 마음이 놓이는 장소에서 고민을 털어놓으면 차분한 분위기에서 긴장을 풀고 편안하게 말할 수 있어요.

말로 털어놓아 보세요

도움말 자신의 고민을 누군가에게 털어놓으려면 사실 엄청난 용기가 필요하다. 자신의 약점을 남에게 내보여야 하기 때문이다. 믿을 수 있는 사람이라는 생각이 들면 과감하게 고민을 상담해 볼 수 있다.

3주

3 고민을 일단 말로 꺼낸다

혼자 끙끙 앓으며 속에 담고 있던 고민을 말하려면 차마 입이 떨어지지 않지만, 믿을 만한 사람에게라면 일단은 말문을 한 번 열어 보세요.

4 문자 메시지나 편지를 이용한다

편지나 문자 메시지, SNS 메시지, 이메일 등으로 먼저 간단하게 상담하면 고민의 내용과 기분 등을 객관적으로 정리해 볼 수 있어요. 나중에 직접 만나 상담할 때 자신의 고민을 훨씬 효과적으로 설명할 수 있죠. 단, 충동적으로 아무에게나 하지 말고 믿을 만한 사람에게 신중하게 하세요.

대화에는 두 가지 유형이 있다

대화를 하다 보면 내용이 점점 산으로 가는 상황이 종종 발생한다. 이야기가 본론에서 벗어나 옆길로 새는 원인은 이야기의 목적을 명확히 하지 않아서다. 무엇을 위해, 무엇을, 어떻게 이야기해야 하는지 확실하게 파악하지 못해서다.

대화에는 결론을 한 가지로 정리하는 수렴형과 확산형, 이렇게 두 가지 유형이 있다. 수렴형은 대화하면서 결론을 하나로 정리하는 것이고, 확산형은 다양한 의견을 주고받는 것이다. 교실에서 이루어지는 '토론'은 수렴형이 많다. 수렴형 대화에는 다음과 같은 방법들이 있다.

- 몇 가지 의견 중에서 가장 바람직한 의견을 선택한다.
- 다양한 의견을 하나로 정리한다.
- 다양한 의견을 내고 나서 새로운 의견을 펼쳐 나간다.

수렴형 대화의 목적은 하나의 결론을 내기 위한 것이다. 결론을 하나로 정리하는 수렴형 대화도 어떤 방법을 선택하는지에 따라 대화의 진행 방식과 유의점이 달라질 수 있다.

대화를 나누기 전에 대화의 여러 유형과 방법을 알아 두자. 그에 맞는 구체적인 대화 내용을 준비해 두면, 교실에서 토론할 때 집중할 수 있다.

우리가 서로 대화를 하는 이유

 확산형 대화도 여러 번 경험한다

주로 사회생활에서 필요한 확산형 대화는 의견을 하나로 정리하지 않고 다양한 생각을 나누고 서로의 생각을 알아 가는 과정 자체가 목적인 대화다. 그런데 자신과 다른 생각을 거부하거나 모난 돌이 정 맞는다고 생각하고 자신의 생각을 밝히기를 꺼려하는 경우에는 확산형 대화를 할 때 어려움을 겪게 된다.

확산형 대화를 익히려면 '사람은 모두 다르게 생각하는 게 당연하다.'는 전제에서 '다른 사람은 어떻게 생각할까?' 하고 차이를 알아 가며 흥미와 호기심을 유지하려는 마음가짐을 가져야 한다.

확산형 대화가 활발하게 이루어지려면 서로의 존재를 존중하고 자기 생각을 확실하게 밝힐 수 있는 관계를 만들어야 한다.

4

더 좋은 대화를 나누는 연습

토론이나 모둠 활동 등을 하면서 말이 통하지 않거나 의견이 대립해서 교실 분위기가 어색해진 경험이 누구에게나 있을 거예요. 어쩔 수 없이 생기는 대립과 혼란을 두려워하지 말고, 비판과 다른 의견을 자유롭게 주고받는 다양한 방법을 알아보아요.

활발하게 대화를 주고

난이도 ★★☆

활발하게 대화를 이어 나가려면 먼저 상대방의 이야기를 귀 기울여 들어야 해요. 멍하니 듣기만 하지 말고 집중해서 듣고 있다는 표시를 하며 능동적으로 들어 보세요. 상대방이 하고 싶은 말을 추측하여 그 사람의 깊은 생각을 끌어내고, 내 생각과 다른 의견을 받아들여 새로운 의견으로 발전시키기도 해 보는 거예요. 상대방과 다른 관점에서 자신의 의견도 말해 보세요. 대화하기 전에 말할 내용을 미리 준비해 두면 더 활발하게 대화할 수 있겠죠?

1 평소에 이야깃거리를 차곡차곡 챙겨 둔다

평소에 다양한 자료를 보고 흥미로운 이야깃거리를 알아 두었다가 기회가 왔을 때 들려주면 듣는 사람의 관심을 유도하고 좋은 대화 분위기를 만들 수 있어요.

2 상대방의 이야기를 끌어내기 위한 방법을 찾아본다

"그렇구나." "그래?" 등으로 맞장구를 쳐서 이야기를 듣고 있다는 신호를 주고, "왜 그렇게 생각해?" "그래서 어떻게 됐어?" 등을 질문하면 상대방이 하려는 말을 쉽게 끌어낼 수 있어요.

받을 수 있도록 노력해요

도움말
자신이 말하려는 바가 명확해야 대화를 '주고받을' 수 있다. 또 상대방이 하고 싶은 말이 무엇인지 추측하고 그 말을 이끌어 내거나, 상대방 의견의 장점을 인정하고 그 장점을 살리려는 태도를 보여 주어야 한다. 대화를 주고받는 토론을 할 때 좋은 분위기를 유지하도록 두루 배려하는 진행자 역할에도 도전해 본다.

4장

3 다른 관점에서 의견과 경험담을 말한다

다 같이 토론할 때 다른 관점에서 의견을 내거나 자신의 경험을 소개하면 활발하게 토론을 이어 갈 수 있어요.

4 모두가 대화할 수 있는 분위기를 만든다

여럿이 이야기할 때는 참가자 전원이 대화에 참여해야 분위기가 좋아져요. 대화에 참여하지 않는 사람이 있으면 누군가 나서서 먼저 이야깃거리를 던져 주거나, 의견이나 경험을 말할 기회를 자연스럽게 만들어 주세요.

잠시 생각할 시간이

난이도 ★★☆

갑자기 사람들 앞에서 말해야 하거나 생각이 미처 정리되지 않았는데 의견을 말하라고 하면 당황해서 우물쭈물하게 돼요. 무작정 '모른다'고 하지 말고, 자기 생각을 정리하기 위한 시간을 달라고 당당하게 말하세요.

1 생각할 시간을 만들어요

여럿이 말하는 자리에서는 발표하기 전에, 의견을 밝히기 전에 진행자가 먼저 생각해 시간을 주세요. 너무 느슨하게 풀어지지 않도록 1, 2분으로 시간에 제한을 두세요. 짧은 시간이라도 여유를 가지면 차분하게 자기 생각을 정리할 수 있어요.

2 먼저 발언한 사람의 생각을 듣고 의견을 정리해요

발언 순서를 미리 정해 두지 않았다면 생각이 정리된 사람부터 발언하도록 하세요. 친구 의견이나 발표를 듣고 좋은 생각은 따로 적어 두었다가 자기 생각과 비슷한 의견이 있으면 받아들여 자기 의견과 합쳐 정리해 보세요.

필요하다고 해도 괜찮아요

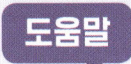

서로의 의견을 받아들이고 진지하게 대응하려면 시간이 필요하다. 시간이 필요할 때는 "생각할 시간을 주세요."라고 상대방에게 차분하게 말해 본다. 곧바로 의견을 말하지 못한다고 해서 부끄러워할 필요가 없다.

4장

3 자기 생각과 입장을 표로 그려요

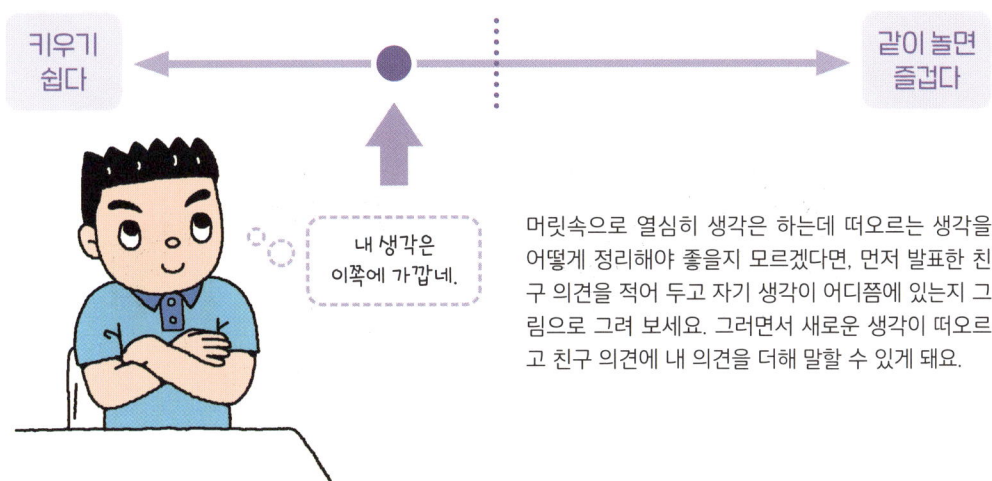

머릿속으로 열심히 생각은 하는데 떠오르는 생각을 어떻게 정리해야 좋을지 모르겠다면, 먼저 발표한 친구 의견을 적어 두고 자기 생각이 어디쯤에 있는지 그림으로 그려 보세요. 그러면서 새로운 생각이 떠오르고 친구 의견에 내 의견을 더해 말할 수 있게 돼요.

4 필요하다면 조금 더 시간을 가져요

의견이 여전히 정리되지 않고 바로 발언할 수 없을 때는 잠시 시간을 더 가져요. 대신 얼버무리지 말고 확실하게 생각할 시간을 달라고 말로 표현하고 허락을 구해야 해요.

상대방이 잘 이해하지

자기 생각을 상대방에게 정확하게 전달하는 일은 그렇게 쉽지만은 않아요. 조리 있게 설명도 잘해야 하고, 같은 말을 해도 상대방에 따라 다르게 받아들이기 때문이에요. 열심히 말했는데 알아듣지 못한다고 기분 나빠하거나 바로 포기하지 말고 상대방이 이해할 수 있도록 말하는 방법을 바꾸어 다시 한번 차분하게 말해 보세요.

1 결론을 먼저 말해 본다

자신이 가장 하고 싶은 말, 즉 결론을 먼저 말하면 상대방에게 핵심을 전달하기가 쉬워요.

2 구체적인 경험을 곁들여 말한다

말하는 사람의 경험을 덧붙여 말하면 설득력이 늘어 상대방이 이해하는 데에 도움이 돼요.

못하면 다시 한번 말해요

도움말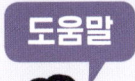

열심히 설명했는데 상대방이 못 알아들으면 실망해서 포기하고 싶어진다. 하지만 자꾸 포기하면 대화하는 힘을 기를 수 없다. 상대방이 이해할 수 있도록 말하는 방법을 요리조리 바꿔 가며 상대방이 어느 부분을 이해하지 못하는지 확인한다. 새로운 방법으로 계속 도전하면 어느 순간 상대방도 쉽게 이해할 수 있을 것이다.

3 순서를 알 수 있도록 말한다

이야기의 흐름을 정리하며 말하면 상대방에게 훨씬 효과적으로 내용을 전달할 수 있어요.

4 어떤 부분이 이해가 가지 않는지 확인하고 다시 말한다

상대방에게 제대로 전해지지 않았다는 느낌이 들면 이해가 가지 않는 부분은 없는지 확인하고 다시 한번 이야기를 들어 달라고 해 보세요.

4 질문이나 반대 의견에

난이도 ★★☆

다른 사람에게 질문을 받거나 누군가가 내 의견에 반대하면 긴장하게 마련이에요. 그러나 관점을 바꾸면 질문이나 반대는 자신의 생각을 구체적으로 다듬을 수 있는 좋은 기회가 돼요. 그러려면 질문과 반대 의견에 적절하게 대답하고 자기 생각을 상대방에게 이해시키기 위해 노력해야 해요. 상대방의 질문과 반대 의견에 대한 마음가짐, 대답이 막혔을 때의 대처법을 알아보아요.

1 어떤 질문이든 긍정적으로 받아들인다

질문은 상대방이 관심을 가지고 내 이야기를 들어 주었다는 증거예요. 질문한 사람에게 감사하는 마음으로 질문을 긍정적으로 받아들이고 귀를 기울여 보세요.

2 상대방이 질문한 의도를 파악한다

상대방이 어떤 부분에 의문을 느끼는지를 파악해 보세요. 자신의 의견을 되돌아보고 질문에 대한 답을 찾아보세요.

적절하게 답을 하세요

도움말  질문과 반대 의견을 통해 다양한 사람의 생각을 듣고 받아들이는 과정에서 자기 생각을 더욱 바람직한 방향으로 다듬어 나갈 수 있다. 자신과 다른 의견이나 반대 의견에 주눅 들거나 발끈하지 않고, 다른 의견을 적극적으로 수용하며 활용하는 방법을 익혀 본다.

4장

3 질문을 미리 예상해 본다

'이런 질문이 나오면 이렇게 대답하자.' '이런 반대 의견이 나오면 이렇게 대응하자.' 등으로 예상 질문과 답변을 준비해 두면 마음이 한결 편안해져요.

4 제대로 대답하지 못했을 때는 생각할 시간을 달라고 한다

질문과 반대 의견에 대한 답이 바로 떠오르지 않을 때도 있을 거예요. 그 자리에서 바로 대답하지 않아도 좋으니 당황해서 쩔쩔매지 말고 '생각할 시간을 달라'고 부탁해 보세요.

찬성하거나 반대할 때는

친구의 의견에 찬성 또는 반대 의견을 전하는 일도 내 생각을 말하는 좋은 방법이에요. 다만 찬성이나 반대만 표하는 것으로는 충분하지 않아요, 찬성하거나 반대하는 이유에 나의 의견을 보충하여 말해야 해요. 그래야 대화의 폭이 넓어지고 깊이도 깊어져요. 다른 사람의 의견을 잘 듣고 새로운 관점에서 생각해 자신의 의견에 살을 붙여 나가 보세요.

1 자신의 의견과 비교하며 다른 사람의 의견을 듣는다

자신의 의견과 어떤 부분이 같고, 어떤 부분이 다른지를 생각하며 다른 사람의 의견을 들어 보세요.

2 찬성이나 반대 의견에 이유를 덧붙인다

찬성하거나 반대한다는 의사를 밝히고 나서 그 이유가 무엇인지도 꼭 말해 주세요.

미리 생각을 표현하는 신호를 정해 두면, 자신이 어떻게 생각하는지를 수신호로 보여 줄 수 있어 보다 많은 사람이 대화에 참여할 수 있어요.

내 생각을 보태어 말해요

도움말
말하기에 어려움을 겪는 사람에게는 찬성이나 반대 의견을 말하는 활동이 중요한 자기표현 연습이 될 수 있다. 대화하면서 찬성이나 반대 의견을 표명할 기회를 만들어 본다. 또 보충 의견을 말한 학생이 있다면 칭찬해 주어야 한다. 그래야 누구나 안심하고 자기 의견을 말할 수 있을 것이다.

3 의견에 보충 설명을 덧붙인다

방금 의견에 저도 찬성합니다. 보충해서 조금 더 설명하면 △△△△입니다.

다른 사람의 의견과의 사소한 차이가 신경 쓰인다면? 어떤 부분에서 다른지 말로 표현하고 설명해 보세요. 차이를 발견하고 다듬으면 나만의 의견으로 발전시켜 나갈 수 있어요.

4 도중에 의견을 바꿀 수 있다

지금까지는 ○○라고 생각했는데, △△라서 네 말이 맞는 것 같아.

헤헤.

대화 과정에서 자신의 의견을 바꾸어도 상관없어요. 오히려 의견을 바꾼 이유를 설명하면 깊이 있는 대화나 토론을 할 수 있어요.

의견이 서로 대립할 때

다른 사람과 대화를 나누다 보면 의견이 일치할 때도 있고 대립할 때도 있어요. 의견이 엇갈리면 충돌이 싫어 그냥 상대방의 의견을 따르거나 반대로 자신의 의견을 일방적으로 강요하는 경우도 있죠. 하지만 대화는 서로 의견을 나누고 소통하는 일이잖아요. 의견이 대립할 때일수록 갈등을 극복하고 대화를 주고받으며 새로운 생각을 만들어 내려는 노력을 해 보세요.

1 조건을 달아 동의한다

- 쉬는 시간 교실 사용법

- 책 읽는 데에 방해되니까 쉬는 시간에 조용히 해 주면 좋겠어.
- 쉬는 시간이니까 교실에서 뭘 하든 내 자유야.
- 자자, 진정하고. 한번 들어 봐. 교실 안에서 뛰어다니거나 공을 던지거나 위험한 놀이를 하지 않는 선에서 쉬는 시간을 자유롭게 즐기는 건 어때?

'○○ 하면' 또는 '○○ 하지 않으면'이라는 조건을 붙이고 상대방의 의견에 동의할 수는 없을지 생각해 보세요.

2 부분적으로 동의한다

- 학급 문고 외부 대출

- 집에 가져가면 책이 분실될 수도 있고 망가질 수도 있으니까 외부 대출은 금지하는 게 좋겠어.
- 교실 밖으로 못 가져간다고 하면 교실에서밖에 읽을 시간이 없잖아. 잡지처럼 일부 도서는 빌려 갈 수 있게 하면 어떨까?

의견 대립을 완전히 해소하지는 못해도 잘 살펴보면 합의할 수 있는 지점이 있을 거예요.

해결하는 방법을 익혀 두세요

도움말 다른 사람과의 의견 대립은 최대한 피하고 싶은 게 당연하다. 그러나 다른 사람과의 의견 대립을 모두 피할 수는 없다. 의견 대립에서 새로운 생각이 태어날 때도 있으니 기회로 삼는 것도 좋다. 의견 대립에서 오는 갈등을 해소하는 방법을 익혀 본다.

4장

3 발상을 전환한다

● 재활용품 판매 수익을 어디에 쓸까

재활용품을 팔아 생긴 수익이 꽤 많아. 어디에 쓰면 좋을까?

도움이 필요한 곳에 기부를 하면 어때?

나는 우리 반을 위해서 ○○○○를 사면 좋겠어.

나는 □□□□에 썼으면 좋겠어.

그런 방법이 있구나!

각자 희망 사항을 밝혔는데 의견이 하나로 모이지 않으면 발상을 전환해서 해결하는 방법도 찾아보세요.

4 단계적으로 해결한다

● 강을 깨끗이 만드는 방법

오염된 강을 깨끗하게 만드는 방법을 생각해 보자.

오염된 물을 배출하지 말자는 캠페인을 벌이자.

한 달에 두 번씩 다 같이 강에 가서 대청소하자.

청소도 좋은 생각이지만, 하수 처리 시설을 정비해야 할 것 같아.

● 차근차근 단계별로 해결하기

1단계 오염된 물을 배출하지 말자는 운동을 벌이자.
2단계 다 같이 강에 가서 대청소하자.
3단계 시청에 가서 하수 처리 시설 정비를 건의하자.

문제가 복잡하면 한번에 해결하기가 어려워요. 얼핏 보면 서로 대립하는 것 같지만, 단계적으로 하나씩 받아들일 수 있는 의견들일 수도 있어요. 여러 의견에 따라 단계별로 해결책을 차근차근 찾아보세요.

의견이 받아들여지지

토론하다 보면 열심히 생각해서 발언했는데 누군가 내 의견을 너무 쉽게 부정할 때가 있어요. 하고 싶은 말이 다른 사람에게 제대로 전해지지 않으면 답답하고, 내 의견을 상대방이 이해하지 못했다는 생각이 들면 속상해져요. 상대방이 별다른 이유 없이 감정적으로 내 의견을 반대한다는 느낌을 받을 때도 그렇고요. 냉철하게 내 의견을 돌아보고, 논리적으로 관점과 근거를 바꾸어 다시 의견을 말하고 상대방을 설득해 보세요.

1 경험을 바탕으로 이야기한다

자신의 경험이나 영상으로 보고 지인에게 들은 이야기를 근거로 말하면 상대방은 그 의견을 조금 더 쉽게 받아들일 수 있어요.

2 상대방의 의견에 다시 반론한다

상대방이 어떤 이유를 들어 반대하면 그 이유에 대한 반대 의견을 다시 말해 보세요.

않으면 다시 한번 설득해요

도움말
다른 사람이 내 의견을 부정하면 자신감이 없어진다. 더 반론하고 싶은 마음은 사라지고 그대로 물러나고 싶어진다. 그러나 입장을 바꿔 보면 상대방이 내 의견을 쉽게 받아들이는 것이 얼마나 어려운 일인지 깨달을 수 있다. 끈기 있게 조금씩 자기 생각을 전달하려는 노력이 중요하다.

4장

3 상대방의 의견을 받아들이고 다른 이유를 제시한다

- 지구 온난화를 막기 위해 이산화탄소를 배출하지 않는 태양광 발전과 풍력 발전을 늘려야 한다고 생각해.
- 태양광 발전이나 풍력 발전은 날씨와 시간에 영향을 많이 받아서 별로 도움이 안 될 것 같아.
- 그 말도 맞아. 하지만 태양이나 바람은 장점이 많은 자원이니 효율적으로 사용할 수 있는 방법을 찾아봐야 하지 않을까?

상대방의 반대 의견이 타당하다면 일단 받아들이고 자기 의견의 장점을 부각시킬 다른 이유를 제시해 보세요.

4 자기 의견의 배경을 설명한다

- 앞으로 태양광 발전과 풍력 발전을 늘려야 한다고 생각해.
- 날씨나 시간에 영향을 많이 받아서 큰 도움은 안 될 것 같은데.
- 언젠가 고갈될 화석 연료를 대체할 친환경 에너지 개발이 꼭 필요하다고 들었어.

자신이 왜 그런 의견을 가지게 되었는지를 설명하고 그 의견이 왜 타당한지 덧붙여 설명해 보세요.

의견이 대립할 때 오히려

의견이 엇갈리고 팽팽하게 맞서서 도무지 합의점을 찾기 어려울 때는 자신의 의견을 계속 고집하지 말고, 서로의 의견을 다시 정리하여 대화 목적에 따라 의견을 절충하는 과정이 필요해요. 그래도 여전히 서로의 의견이 평행선을 그린다면 서로 조금씩 양보하거나 새로운 의견을 내는 것도 좋아요. 의견 대립을 슬기롭게 해결하는 방법을 배워 보세요.

1 의견의 장점과 문제점을 따져 본다

각자 의견을 내고 그 의견의 장점과 문제점을 생각해 보세요. 제시된 의견이 대화 목적에 맞는지를 검토해 보는 거예요.

2 동시에 할 수 없는지 생각해 본다

대립하는 두 의견을 동시에 살리는 방법은 없는지 생각해 보세요. 다른 사람들에게 이 방법을 말할 때는 두 가지를 어떻게 동시에 할 수 있는지 이유도 밝혀 주세요.

더 좋은 의견이 떠올라요

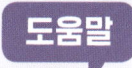 도움말

의견이 대립할 때 상대방의 기분을 지나치게 배려해 자신의 의견을 억누르거나 상대방의 의견에 무조건 맞추면 진정한 의미에서 서로 이해하는 관계라고 할 수 없다. 의견이 대립할 때야말로 새로운 해결책과 가치관, 지혜 등을 짜낼 기회라고 생각하고 적극적으로 의견을 교환해 본다.

4장

3 어떤 조건이 붙으면 반대 의견을 받아들일 수 있을지 생각해 본다

> 규칙은 몰라도 새로운 일에 도전하고 싶어. 누가 규칙을 가르쳐 주면 연습해서 축구를 해도 좋을 것 같아.

어떤 조건이 충족되면 상대방의 의견을 받아들일 수 있을지 생각해 보세요. 자신의 감정을 지나치게 억누르지는 않았는지, 정말로 받아들일 수 있는 의견인지도 곰곰이 생각해 봐야 해요.

4 새로운 의견을 떠올린다

- 갖춰야 할 조건 -
• 다들 아는 경기
• 평소에 할 기회가 드문 경기

의견이 계속 대립하고 어느 쪽 의견도 받아들여지지 않는다면, 양쪽 의견의 장점을 동시에 충족하고 모두가 받아들일 수 있는 새로운 의견을 생각해 보세요.

여러 의견들이 나오면

난이도 ★★★

토론이나 회의에서는 각자의 의견을 활발하게 주고받는 일이 중요해요. 다양한 의견이 오가다 보면 주제에서 벗어날 때도 있죠. 여러 의견이 마구 오가면 혼란스럽기도 하지만, 그만큼 다양한 관점에서 바라본 의견이 나온다는 뜻이니 그 속에서 새로운 지혜를 발견할 수 있어요. 대화 과정에서의 혼란을 줄이고 옆길로 샌 이야기를 수습하는 방법을 배워 보아요.

1 목적과 주제를 확인한다

"우리 반에서 무슨 생물을 키울지가 오늘 학급회의의 주제입니다."

"다양한 의견이 나왔습니다. 각자의 의견을 돌아보고 정리해 봅시다."

"아, '우리 반에서 키울 생물'에 집중해야지!"

대화하기 전에 무엇을 위해(목적), 무엇에 관해(주제) 이야기하는지를 확인하세요.

분위기가 혼란스러워지면 대화 주제가 무엇인지 다 같이 되짚어 보고 주제에 집중해 보세요.

2 의견을 분류해 본다

● 우리 반에서 키울 생물 정하기

의견 1 어류
- 금붕어
- 구피
- 엔젤피쉬

의견 2 파충류
- 거북
- 도마뱀

의견 3 큰 동물
- 개
- 고양이
- 닭

의견 4 학교에서 키우기 힘든 동물
- 곰
- 코끼리
- 공룡
- 기린
- 말

정리하면서 대화해요

도움말  해결책을 찾으려면 자기 생각만 고집하지 말고 상대방의 이야기를 찬찬히 듣고 고정관념과 선입견 등 편견을 없애려는 마음가짐이 중요하다. 또 상대방의 말이 충분히 설득력이 있다면 그걸 인정하는 유연성도 필요하다. 토론이나 회의를 하고도 의견이 정리되지 않을 때는 시간을 갖거나 다른 각도에서 해결책을 찾아보려는 노력을 해야 한다.

4장

3 각 의견의 장점과 특징을 찾아본다

각자의 의견에서 장점을 찾는 과정에서 더 나은 해법을 발견할 수 있어요. 다른 사람의 의견에서 장점을 찾아 인정하고 받아들이는 연습을 해 보세요.

4 나온 의견을 활용할 수 있는 방법을 생각해 본다

의견을 수정한다	어류 → 키우기 쉽다는 장점이 있다 → 키우기 쉬운 동물
여러 의견을 합친다	파충류 + 큰 동물 → 직접 만질 수 있는 동물
기존 의견을 바탕으로 새로운 의견을 생각해 본다	키우기 쉽고 직접 만질 수 있는 동물

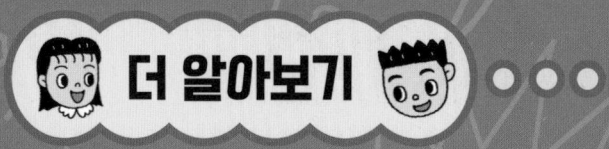

학교에서는 아이들끼리 회의할 기회가 많다. 또 국어와 수학, 과학, 사회 등 여러 수업 시간에도 서로 질문하거나 의견을 말하고 발표하는 기회를 가질 수 있다. 이런 시간들을 통해 다양하게 대화하며 수업 분위기를 살리고 의욕적으로 학습에 참여할 수 있다.

💬 대화를 통해 생각이 넓고 깊어진다

몇 개월에 걸쳐 '강'이라는 주제를 주고 조사한 뒤 '강을 깨끗이 만드는 방법'에 대해 토론하는 수업을 했던 이야기를 하려고 한다.

아이들은 '오염된 생활 하수를 흘려보내지 않는다.' '학생회 안건으로 다루자.' '가정통신문이나 알림장에 우리 생각을 적어서 어른들에게도 알리자.' 등 학교 안에서 실천할 수 있는 방법은 없는지 다양한 의견을 주고받았다.

그런데 한 학생이 '학교 안에서만 하지 말고 학교 밖 사람들에게도 알리자.'는 의견을 냈다. 그래서 "어떻게 하면 학교 밖 사람들에게 알릴 수 있을지, 좋은 생각 있는 사람은 손을 들고 의견을 발표해 보자."고 하자, 아이들은 '강변에 팻말을 세우자.' '반상회 안내문이나 아파트 주민 회의에 우리 의견을 전하자.' '상류 지역 주민들에게 환경 보호 캠페인을 전하자.' 등 새로운 아이디어를 줄줄이 발표했다.

이처럼 대화하는 가운데 시야를 넓힐 수 있는 의견이 나오면 회의를 진행하는 사람이 아이들의 생각이 더 깊어질 수 있도록 이끌어 주자. 학습 의욕도 북돋워 줄 수 있다.

학습 의욕을 북돋워 주는 대화

💬 대화를 통해 새로운 아이디어를 만들어 낸다

"옛날에는 소중히 아끼던 강인데 지금은 사람들이 강에 무심해져 안타깝다." "모든 생물이 살 수 있는 강이 되었으면 좋겠다." 등 토론이나 회의를 하다 보면 얼핏 주제에서 벗어난 듯한 의견도 나온다. 하지만 넓게 보면 꼭 그렇지만은 않다. 그 속에 주제와 연결되는 나름의 생각들이 담겨 있기 때문이다. 이러한 의견들이 "모두가 사랑하는 강을 만들자." "강을 사람들이 즐겨 찾는 공간으로 만들자." 등 새로운 아이디어로 이어질 수 있다. 앞의 토론에서 아이들은 강을 깨끗하게 만드는 방법만 생각하지 않고 관점을 넓혀 깨끗해진 강을 어떻게 이용할지에 대한 새로운 의견을 냈다.

다양한 상황에서 서로 대화하며 생각을 넓혀 새로운 아이디어를 만들어 내는 과정을 경험한 학생들은 소통 능력을 키울 수 있다. 또 이렇게 함께 만든 아이디어를 실천해 보는 일도 필요하다. 다 같이 지혜를 짜내 내린 결론을 실제로 어떻게 실천할지를 고민하며 대화의 중요성을 실감할 수 있기 때문이다. 대화의 중요성을 깨달은 아이들은 대화를 접목한 수업에 더욱 의욕적으로 참여하게 될 것이다.

5 의사소통 능력을 키우는 연습

말이 유일한 대화 수단은 아니에요. 표정, 시선, 손동작 등 몸을 사용하는 표현 방법도 있어요. 묵묵히 고개를 끄덕이는 동작도 효과적인 대화 수단이 될 수 있지요. 상대방의 이야기를 확실하게 듣고 이해하고, 자신이 하고 싶은 말을 감정을 실어 표현하면 바람직한 대화를 나눌 수 있어요.

1 서먹함을 줄일 수 있는

난이도 ★☆☆

처음 만난 사람과 말문을 트고 편안하게 대화하려면 상대방의 이름을 기억하고 서로 어떤 사람인지를 알아 가는 과정이 필요해요. 힘을 합쳐 어떤 일을 함께하면 처음 만난 사람에 대한 서먹함이 줄어요. '아이스 브레이킹(Ice Breaking)'은 얼음을 깨듯 어색한 분위기를 깨고 편안하게 대화하는 법을 익히는 게임이에요. 한번 따라 해 보세요.

1 상대방에 대해 알아보기

● 청취 카드

이름	
좋아하는 음식	
좋아하는 동물	
특기	

청취 카드를 들고 교실을 자유롭게 돌아다니며 만난 사람에게 이름, 좋아하는 음식, 좋아하는 동물, 특기를 물어보고 답을 들어 빈칸을 채워 보세요.

2 '나는 누구일까요?' 퀴즈

● 프로필 카드

좋아하는 과목	
좋아하는 음식	
특기	

❶ 카드 앞면에 자기 프로필을 적어요.
❷ 카드 뒷면에 자기 이름을 적어요.
❸ 반 친구들의 카드를 전부 걷어서 골고루 섞어요.
❹ 섞은 카드의 프로필을 소리 내어 읽고 누구의 카드인지 맞혀 보세요.

아이스 브레이킹을 해요

도움말
소통이 서툰 학생에게는 자기 자신을 알고 → 상대방을 알고 → 공통점을 찾아내서 친해지고 → 더 친해지고 싶다는 기분이 드는 경험을 반복하는 연습이 필요하다. 게임을 즐긴다는 기분으로 하면 금방 아이스 브레이킹에 익숙해질 것이다.

5장

3 몸짓으로 어떤 이야기인지 알아맞히는 게임

● 흥부전

첫 번째 장면
놀부네 집에 양식을 꾸러 간 흥부는 머리를 조아리고 양식을 구걸한다. 놀부네 집 하인들이 흥부를 비웃는다.

두 번째 장면
구렁이가 잡아먹으려던 제비 새끼를 흥부가 구해 준다. 기뻐하는 어미 제비를 흥부네 가족이 흐뭇하게 바라본다.

세 번째 장면
제비가 물어다 준 박씨를 심고, 박을 탔더니 보물이 나왔다. 흥부네 가족은 기뻐하며 덩실덩실 어깨춤을 추었다.

● **활동 방법**

1. 3~5명이 모둠을 만들어요.
2. 각 모둠이 누구나 아는 옛날이야기를 하나씩 골라요.
3. 먼저 한 모둠이 이야기 속 유명한 장면을 몇 개 선택해요.
4. 그 장면을 여러 몸짓으로 표현해요. 어느 순간 사진처럼 정지한 동작으로 표현하고 움직이지 마세요.
5. 다른 모둠들은 동작을 보고 무슨 이야기인지 알아맞혀 보세요.

2 체험 학습을 하면서

난이도 ★☆☆

대화하는 방법은 공부하는 것처럼 책상 앞에 앉아 습득하는 게 아니에요. 직접 사람들을 만나 자연스럽게 말을 주고받는 과정에서 터득하는 거죠. 체험 학습을 하는 가운데 소통 능력을 키울 수 있는 다양한 게임에 도전해 보세요. 오감을 활용함으로써 당연하게 여기던 일을 신선한 눈으로 볼 수 있게 되고, 자연 속에서 새롭게 대화를 즐겨 볼 수 있어요.

1 나는 누구일까요?

● 활동 방법
❶ 각자 등에 동물 이름을 적은 종이를 붙여요.(자기한테 무슨 동물 이름이 적혀 있는지 모르게 해야 해요.)
❷ 친구에게 등에 붙인 종이를 보여 주고 질문을 한 가지씩 주고받아요.
❸ 상대를 바꾸어 가며 질문을 주고받아 보세요.
❹ 자기 등에 적힌 동물을 알아채면 심판에게 말해요. 정답이면 종이를 떼서 가슴에 붙여요.

재미있는 질문을 떠올려 보세요. 지금까지 말을 붙여 본 적이 없는 친구와도 질문을 통해 대화할 수 있어요.

즐거운 대화를 나누어요

도움말  이미 친한 친구뿐 아니라 평소에 거의 말 걸 일이 없는 친구와도 짝을 지어 게임을 해 본다. 친구의 새로운 면을 알게 되고, 함께 어울리며 기쁨과 즐거움을 나눌 수 있다. 야외에서 체험 학습을 할 때는 안전한 곳인지 꼭 확인해야 한다.

5장

2 나무의 대사

- **활동 방법**
① 주변의 나무와 식물을 관찰해 마음에 드는 것을 하나 정해요.
② 종이에 그 나무나 식물이 어떤 기분일지를 상상해 적어 보세요.
③ 그 종이를 마음에 드는 나무나 식물에 붙이고 친구에게 자신이 느낀 바를 이야기해 보세요.

서로 나무의 기분을 상상하며 말하면 자연스러운 대화를 할 수 있어요. 친구의 이야기 가운데 어떤 부분이 마음에 드는지를 말해 주면 한층 친밀하고 적극적인 대화를 나눌 수 있을 거예요.

3 프로젝트 어드벤처로

난이도 ★★☆

다 같이 힘을 합쳐 즐거운 놀이를 해 보세요. 자연스럽게 힘을 합치는 경험을 통해 협력에 대화가 필요하고, 대화로 마음이 통할 수 있으며, 대화로 문제를 쉽게 해결할 수 있다는 사실을 깨닫게 돼요. 손쉽게 할 수 있는 간단한 활동을 소개하니 함께 도전해 보세요.

1 통나무다리 건너기

● 활동 방법

❶ 두 모둠으로 나누어 통나무 양쪽 끝에 서요.
❷ 한 사람씩 동시에 끝에서 가운데로 이동해 보세요.
❸ 말을 걸며 상대 모둠 친구와 스쳐 지나가요.

- 최대한 빨리 통나무다리를 건너는 방법이 무엇일지 함께 이야기해 본다.
- 다 같이 대화에 참여해 협력하는 과정을 경험하는 것이 이 게임의 목적이다.
- 평균대 등의 기구를 활용할 수 있다.

2 훌라후프 이어 돌리기

● 활동 방법

❶ 다 같이 손을 잡고 하나의 원을 만들어요.
❷ 손을 잡은 채로 훌라후프를 최대한 빠르게 통과시켜 원 한 바퀴를 돌아요.
❸ 어떻게 하면 훌라후프를 빨리 돌릴 수 있을지 머리를 맞대고 의논해 보세요.
❹ 의논을 마치고 다시 한번 도전해 보세요.

소통의 중요성을 경험해요

도움말
여기에 소개하는 활동은 '프로젝트 어드벤처'라는 이름의 인간관계 개선 프로그램이다. 활동을 즐기며 과제를 완수하는 과정에서 저절로 소통 능력이 생겨난다. 소통을 통해 함께 과제를 완수함으로써 말하기에 자신감을 가질 수 있게 된다.

5장

3 함께 일어서기

- **활동 방법**
  1. 다리를 쭉 뻗고 앉아 옆 친구와 발바닥을 맞대 보세요.
  2. 옆 친구와 손을 잡고 팔을 잡아당기며 다 같이 일어나 보세요.
  3. 처음에는 두 사람이 시작해요.
  4. 성공하면 세 사람이 도전해 보세요.
  5. 인원수를 점차 늘려 나가요.
  6. 어떻게 하면 넘어지지 않고 빨리 잘 일어날 수 있을지 머리를 맞대고 생각해 보세요.

친구를 믿고 힘을 주지 않으면 일어날 수 없어요. 연습하면 서른 명 정도의 대규모 인원도 거뜬히 일어날 수 있어요.

4 믿고 떨어지기

- **활동 방법**
  1. 7~9명이 모둠을 만들어요.
  2. 한 명은 높은 곳에 올라가 뒤돌아서요.
  3. 나머지는 그 앞에 두 줄로 서서 마주 보고 앞 사람과 손을 꼭 잡으세요.
  4. 높이 서 있던 사람은 밑의 친구들이 맞잡은 손 위로 뒤로 돈 채로 쓰러져요.
  5. 아래 사람들은 손을 잡은 채로 넘어지는 친구를 받아 주세요.
  6. 넘어지는 역할을 바꾸어 순서대로 경험해 보세요.

서로 말을 걸고 용기를 북돋아 주며 신뢰를 쌓아야 성공할 수 있어요. 성공하면 서로 칭찬해 주고 위험하지 않게 반드시 어른이 지켜볼 때만 하세요.

4 말을 하지 않고 의사

난이도 ★★☆

사람은 말하지 않아도 자신의 의사를 상대방에게 전할 수 있어요. 표정, 시선, 손짓, 상대방과의 거리 등에 대해 궁리해 나의 생각과 기분을 효과적으로 전달할 수 있는 '말을 사용하지 않는 커뮤니케이션' 방법을 익혀 보세요.

1 여러 친구와 말을 하지 않고 악수한다

친구의 눈을 보며 친해지고 싶다는 마음을 담아 밝은 표정으로 악수해 보세요.

2 표정과 몸동작으로 기분을 전한다

기쁘다　　　　슬프다　　　　화났다

여러 사람이 모여 순서대로 몸짓으로 기분을 표현하고, 나머지 사람들은 어떤 기분을 표현했는지 알아맞혀 보세요. 몸짓을 보여 준 친구의 표현 중 어떤 부분이 좋았는지 말해 보세요.

소통에 도전해 보세요

도움말
비언어 커뮤니케이션 능력은 노력으로 높일 수 있다. 다양한 방법을 실제로 경험하는 게 효과적이다. 비언어 커뮤니케이션을 잘하는 사람을 흉내 내도 좋다. 예를 들어 발표나 대화를 잘하는 사람의 몸짓이나 대화 방식 등을 동영상 자료로 보며 따라 해 본다.

3 멈추기와 거리 두기의 활용 방법을 안다

낭독이나 발표, 대화할 때 하던 말을 잠시 멈추면 듣는 사람에게 생각할 시간을 줄 수 있어요. 중요한 부분을 말하기 전에 잠깐 하던 말을 멈추면 듣는 사람의 주의를 집중시키는 효과도 얻을 수 있죠.

언제 어느 정도로 상대방과 거리를 둘지, 상대방과 어느 정도 떨어져야 말하기 쉽고 내 기분을 잘 전달할 수 있을지 다양하게 실험해 보세요.

4 말을 하지 않고 태어난 달 순서대로 줄을 선다

말을 하지 않고 몸짓만으로 반 친구들이 모여 태어난 달 순서대로 줄 서 보세요. 줄을 다 서면 한 사람씩 자신이 태어난 달을 말해 맞게 섰는지 확인해 보세요. 말을 사용하지 않고도 소통할 수 있다는 사실을 알게 될 거예요.

여러 사람들 앞에서

난이도 ★★☆

연설은 자기 생각과 감정을 여러 사람에게 전하고 자신을 알릴 수 있는 기회예요. 누구나 사람들 앞에서 말하기 전에는 두렵고 긴장되게 마련이에요. 자신이 사람들 앞에서 연설을 잘 해내는 모습을 상상하며 연습해 보세요. 익숙해지면 다른 사람 앞에서 말하는 데 자신감이 생길 거예요. 또 자기 생각을 정리해 상대방에게 말하는 능력도 기를 수 있어요

1 연설 주제를 정한다

- **연설에 적합한 주제**
  - 내가 잘하는 일
  - 나에게 소중한 사람과 물건
  - 뉴스를 보고 든 생각
  - 주말에 있었던 일
  - 자기 이름의 유래
  - ○○ 만드는 법, ○○ 하는 법
  - 내가 가 본 나라와 장소

❶ 각자 어떤 주제로 연설할지 생각해 종이에 적어 보세요.
❷ 종이를 접어 상자에 넣어요.
❸ 연설하는 사람은 상자에서 종이를 한 장 뽑아 종이에 적힌 주제로 연설을 준비해요.
❹ 다음 날 사람들 앞에서 연설하기에 도전해 보세요.

2 연설 원고를 작성한다

1	말하고 싶은 내용을 적는다.
2	이유나 사례를 든다.
3	자료를 어디에 어떻게 효과적으로 사용할지 원고에 적어 둔다.
4	전하고 싶은 핵심 내용을 마지막에 다시 적는다.

주제를 정하면 연설 원고를 써 보세요. 실제로 말할 때처럼 작성해야 해요. 하고 싶은 말이 듣는 사람에게 잘 전달될 수 있도록 차근차근 원고를 다듬어 나가세요. 가장 중요한 내용을 처음에 말하고 마지막에 다시 강조하면 듣는 사람에게 핵심을 잘 전달할 수 있어요. 준비한 자료는 어디에 어떻게 사용하면 효과적일지 생각해서 원고에 적어 두세요.

연설하기에 도전해 보세요

도움말
연설을 잘하는 사람의 시선을 처리하는 방식, 표정, 뜸 들이는 법, 말하는 속도 변화, 단어 사용법 등을 관찰해 참고한다. 일방적으로 하고 싶은 말만 늘어놓지 말고 듣는 사람의 반응을 확인하며 연설하는 태도가 중요하다. 충분히 준비하고 반복 연습하는 게 성공의 비결이다. 연습할 때 어른에게 봐 달라고 부탁하고 조언을 받아 고쳐 나가는 방법도 좋다.

5장

3 발성과 몸짓, 손짓을 확인하며 원고를 읽는다

1	강조하고 싶은 부분은 앞뒤로 잠시 멈춘다.
2	이유나 사례를 든다.
3	듣는 사람을 상상하며 그 사람에게 말을 걸듯이 표정, 몸짓, 손짓을 바꿔 본다.

거울 앞에 서서 자기 모습을 확인하며, 말하는 내용이 잘 전달되는 방법이 무엇일지 생각해 보세요. 목소리 크기, 말을 멈추는 부분, 표정, 몸짓과 손짓 등을 원고에 꼼꼼하게 적어 두세요.

4 듣는 사람에게 질문한다

일방적으로 말을 시작해서 끝내지 말고, 적당한 때에 질문 시간을 가져 보세요. "여러분도 해 본 적이 있나요?" "이제 앞으로 뭘 해야 할까요?" 등 연설 도중에 질문해서 듣는 사람의 참여를 유도할 수 있어요.

어색한 순간을 위해

난이도 ★★★

처음 만난 사람에게 말을 걸려면 용기가 필요해요. 무슨 말을 해야 좋을지 몰라 망설이고만 있으면 점점 분위기가 어색해질 뿐이에요. 어색한 순간을 위한 '비장의 대화 소재'를 준비해 두세요. 상대방의 관심을 끌고 대화가 자연스럽게 풀리며 어색한 시간이 순식간에 즐거운 대화 시간으로 바뀔 수 있어요.

1 '비장의 대화 소재'에 대해 알아본다

❶ 취미(좋아하는 일)나 특기(잘하는 일)	
❷ 기억에 남는 일	
❸ 날씨, 사는 곳, 맛집, 주변 경치 등	
❹ 책에서 읽거나 텔레비전에서 본 이야기	
❺ 친구나 다른 사람에게 들은 이야기	

'이런 이야기를 했더니 분위기가 좋아졌다'거나 '이야기가 술술 풀렸다'면 그 화제가 바로 '비장의 대화 소재'예요. 이야깃거리를 모아 두었다가 쉽게 꺼낼 수 있게 연습해 보세요.

2 상대방이 이야기를 이어 갈 수 있는 화제를 선택한다

당황했던 일, 깜짝 놀란 일 등 황당한 사건, 사고 가운데 '그러고 보니 나도…….'라고 상대방이 이야기를 이어 갈 수 있을 법한 화제가 '비장의 대화 소재'예요.

대화 소재를 준비해 두어요

도움말
누구에게나 '비장의 대화 소재'가 될 수 있는 특별한 경험이 있다. 그런 경험을 찾기 위해 친구와 마주 앉아 머리를 맞대고 서로의 경험을 이야기해 본다. 친구의 경험 중에서 재미난 이야깃거리를 찾아내 질문도 해 본다. 마찬가지로 친구가 나에게 질문하면 그 질문에서 비장의 대화 소재를 찾아낼 수 있다.

3 우리 반 '비장의 대화 소재' 대회를 연다

- **활동 방법**
1. 두 사람씩 짝을 지어 '비장의 대화 소재'를 서로 이야기해 보세요.
2. 〈웃음 점수〉 카드를 교환해요.
3. 카드에 점수를 표시하고 다시 교환하세요.
4. 득점이 높은 이야기는 다 같이 들을 수 있도록 앞에 나가서 발표해 보세요.
5. 익숙해지면 '유쾌한 이야기' '가족 이야기' 등 주제를 정해 '비장의 대화 소재'를 찾아보세요.
6. 〈웃음 점수〉를 이야기 내용에 따라 〈공감 점수〉 〈놀람 점수〉 등으로 바꾸어도 좋아요.

- 웃음 점수   이름 : _____

☆☆☆☆☆☆☆☆☆☆ 별을 칠해서 점수를 주세요.

줄거리 - 이야기의 줄거리를 적는다.

웃음 포인트 - 어떤 부분이 재미있었는지를 적는다.

7 인터뷰를 잘하는 방법을

난이도 ★★☆

처음 만난 사람에게 질문을 던지고 인터뷰하는 일은 어려워요. 하지만 용기를 낼 수 있다면 인터뷰는 처음 만난 사람과 대화하는 연습의 경험이 될 수도 있어요. 대화하는 방법을 익혀 두면 약간의 노력으로도 어디서든 즐겁게 대화할 수 있어요. 혼자서 또는 여럿이 모둠을 만들어 인터뷰해 보세요.

1 인터뷰 목적과 질문 내용을 정한다

❶ 무엇을 위해 인터뷰하는지 목적을 확실하게 정해요.

❷ 어떤 질문을 할지 생각나는 대로 말해 보세요.

❸ 질문을 정리해 중요한 것부터 순서대로 정리해요.

인터뷰 목적과 질문 내용을 결정해요. 목적과 질문이 구체적이지 않으면 누구를 인터뷰할지 인터뷰 대상을 정할 수 없어요.

2 인터뷰 대상을 정한다

❶ 누구와 인터뷰할지 대상을 골라요.

❷ 그 사람에게 연락해 인터뷰 목적을 설명하고 인터뷰가 가능한지 물어보아요.

❸ 인터뷰할 사람의 상황을 물어 인터뷰할 날짜와 시간, 장소를 정해요.

조사하고 싶은 내용을 쉽게 설명해 줄 수 있고, 인터뷰에 친절하게 응할 만한 사람을 선택하세요.

배우고 연습해요

도움말 미리 준비한 질문 이외에 추가로 묻고 싶은 내용이 있어 즉석에서 질문하면 좋은 인터뷰를 했다는 증거가 된다. 인터뷰를 마치면 감사의 마음을 전하고 다 같이 모여 정리한 결과를 발표한다.

5장

3 질문이 떠오르면 추가로 질문한다

4 감상을 섞으며 질문한다

질문만 하지 말고 상대방의 대답에 감상을 말하면 상대방은 더욱 기분 좋게 인터뷰에 응해 줄 거예요.

8 부담 없이 자유롭게

난이도 ★★☆

회의할 때 일부 사람들만 말하고 나머지는 말없이 듣기만 하는 경우가 종종 있어요. 이런 분위기에서는 말주변이 없는 사람일수록 발언하기가 더 어려워요. 모둠을 만들어 브레인스토밍에 도전해 보세요. 모두의 의견을 존중하는 분위기가 만들어져 발언하는 즐거움을 경험할 수 있어요.

1 브레인스토밍 규칙을 알아본다

● **활동 방법**
① 4~5명이서 모둠을 만들어요.
② 진행자를 정해요.
③ 최대한 많은 아이디어를 내요.
④ 다 같이 아이디어를 내요.
⑤ 다른 사람의 아이디어를 부정하지 않아요.

주제에 따라 생각나는 아이디어를 자꾸자꾸 떠올려 보세요. 어떤 아이디어라도 상관없어요. 발언하기 편안한 분위기를 만드는 게 가장 중요해요.

2 발언하기 편안한 분위기를 만드는 비결을 알아본다

● **주제** : 우리 학교에서 어떻게 하면 전기를 아껴 쓸 수 있을까?

다른 사람의 말에 고개를 끄덕이고 공감하면 발언하기 편안한 분위기가 만들어져요. 공감이 가는 아이디어에는 적극적으로 찬성이나 공감을 표현해 보세요. 상대방 의견에 무조건 반대해서는 안 된다는 거 잊지 마세요.

브레인스토밍을 즐겨 보세요

5장

도움말
브레인스토밍으로 아이디어를 내는 데 익숙해지는 게 이 활동의 목적이다. 자신의 의견이 부정당할 수 있다고 생각하면 아이디어를 낼 수 없다. 다른 사람의 아이디어를 부정하지 않는다는 규칙을 꼭 지켜 자유롭게 말할 수 있는 분위기를 만들어야 한다.

3 아이디어를 내는 비결을 알아본다

- 사전에 아이디어를 몇 개 정리해 간다.
- 다른 사람의 아이디어에서 도움을 받는다.
- 다른 사람이 낸 아이디어를 조합해서 새로운 아이디어를 만들 수 있을지 생각해 본다.

진행자는 발언이 적은 사람에게 말을 걸며 모두의 참여를 유도해요. 발언을 이어받아 "같은 의견 가진 사람?" "다른 의견은?" 등으로 질문을 던져 모두의 아이디어를 끌어내요.

4 아이디어를 정리한다

아이디어가 나오면 종이에 적어요. 정리해서 같은 아이디어끼리 정리하고, 각 아이디어 뭉치에 제목을 붙이고, 다른 아이디어 뭉치와 비교해 가장 좋은 아이디어를 선택해 보세요.

순위를 매겨서 가장 좋은

난이도 ★★☆

브레인스토밍으로 자유롭게 발언하는 데 익숙해지면 랭킹(ranking)이라는 방법을 활용해, 제출된 아이디어 중에 가장 나은 것을 선택해요. 랭킹이란 가요 순위 프로그램이나 오디션 프로그램처럼 순위를 매긴다는 뜻이에요. 함께 아이디어에 순위를 매기는 과정을 통해 각자의 관점과 사고방식의 차이를 이해하고, 대화하는 힘을 기를 수 있어요.

1 랭킹할 주제를 정한다

- 예) 인생에서 가장 중요한 것 9개를 고른다.

❶ 자유	❷ 친구	❸ 돈	❹ 공부	❺ 가족
❻ 취미	❼ 시간	❽ 꿈	❾ 건강	

2 혼자서 랭킹을 한다

	내용	이유
1		
2		
3		
4		
5		
6		
7		
8		
9		

먼저 혼자서 랭킹을 해 보세요. 순위를 매긴 이유를 명확하게 친구에게 설명할 수 있도록 정리해 보세요.

아이디어를 뽑아 보세요

 **도움말** 중요성, 실현 가능성 등을 기준으로 어떤 아이디어가 가장 나은지 생각해 본다. 사람에 따라 가치관과 사고방식이 다르다. 토론을 통해 모두가 수긍할 수 있는 순위를 정하는 방법을 익혀 본다.

5장

3 함께 랭킹을 한다

각자 랭킹 결과를 이유와 함께 발표하고 다 같이 토론하며 최종적인 순위를 정해 보세요.

4 순위를 매기기 어려울 때는 이렇게 한다

모두 중요해서 우선순위를 정할 수 없을 때는 랭킹 용지를 다이아몬드 모양으로 늘어놓고 생각해 보세요. 가장 중요한 것과 가장 중요하지 않은 것을 먼저 정하고, 나머지를 매겨 나가면 순위를 수월하게 정할 수 있어요.

10 그룹 프레젠테이션에

난이도 ★★★

'그룹 프레젠테이션'이란 다 같이 의견을 교환하며 주제를 조사하고 그 결과를 정리해 그룹의 생각, 깨달음, 제안 등을 발표하며 보고하는 활동이에요. 모둠별 과제로 한 번쯤 해 본 적이 있을 거예요. 다 같이 자유롭게 이야기하며 용기를 내어 자신의 아이디어를 발표해야 바람직한 프레젠테이션이 될 수 있어요.

1 어떤 주제를 조사해야 할지 회의로 결정한다

한 사람도 빠짐없이 발언할 기회를 주고 최대한 다양한 각도에서 조사해서 아이디어를 끌어내 보세요.

2 본격적으로 조사한다

인터뷰를 한다면 그 방법과 예절 등을 사전에 확인하세요. 또 조사하다가 새로운 과제가 나오면 그 과제도 함께 조사해 보세요. 그룹 구성원이 각자 잘하는 분야의 일을 맡으면 의욕이 높아지고 조사 활동이 활발해져 깊이 있는 내용을 발표할 수 있어요.

함께 도전해 보세요

5장

 **도움말** 그룹 프레젠테이션을 통해 소통 능력을 키울 수 있다. 자유롭게 이야기하는 분위기를 만드는 일이 중요하다. 단순한 조사 내용 보고에서 그치지 말고 조사 과정에서 깨달은 것, 제안하고 싶은 일 등도 아울러 발표하면 수준 높은 프레젠테이션이 되고 성취감도 높일 수 있다.

3 발표 내용, 말하는 순서를 정하고 리허설한다

나는 인도에 있는 높낮이차가 크게 신경이 쓰이지 않는데, 어르신들은 발이 걸려 넘어지실 수 있겠더라. 관심 있는 주민들도 많을 거야. 꼭 발표하자.

- **활동 방법**
  ① 조사한 내용에서 듣는 사람이 관심을 보일 내용을 선택해요.
  ② 고른 내용을 순서대로 정리해 보세요.
  ③ 발표자 순서를 정해요.
  ④ 리허설을 반복하고 함께 발표 내용과 방법의 문제점을 찾아 고쳐요.
  ⑤ 발표에 자신이 없는 친구가 있으면 다 같이 격려하고 조언해 주세요.

4 발표하기

- **프레젠테이션할 때 주의해야 할 점**
  ① 짧고 명료하게 말해야 한다.
  ② 다 같이 힘을 합쳐 프레젠테이션을 해야 한다.
  ③ 깨달음, 제안하고 싶은 일을 확실히 전달하도록 노력해야 한다.
  ④ 질문과 의견을 받고 답변도 확실하게 한다.
  ⑤ 되도록 원고를 보지 않고 앞에 있는 사람에게 말을 건다는 느낌으로 자연스럽게 말한다.
  ⑥ 정해진 시간은 꼭 지킨다.

💬 기분을 바르게 전하는 데서부터 관계가 시작된다

자신의 기분이나 생각을 입 밖에 내어 말로 전하지 못하면 다른 사람과 관계를 맺기가 어렵다.

다툰 이유를 물어보면 "○○가 거슬리는 말을 해서 한 대 쳐 줬어요."라는 식으로 답하는 사람도 있을 것이다. 거슬리는 말을 들었을 때 속상한 마음을 말로 전할 수 있었다면 굳이 친구를 때릴 필요가 없지 않았을까? 친구의 마음을 상하게 한 말을 한 아이도 자신의 말과 행동을 돌아보고 반성하는 기회를 가질 수 있었을 것이다.

친구와의 갈등으로 고민하고 있다면 그 원인을 차분히 따져 보고 자신의 기분과 생각을 어떻게 전해야 할지를 생각해 보자. 자기 생각을 확실하게 밝히고 상대방의 생각을 받아들이고 나면 서로의 감정과 생각을 이해하지 못해 생긴 사소한 오해와 갈등이었음을 깨닫게 될 것이다.

💬 대립과 갈등도 대화로 극복할 수 있다

따돌림 문제처럼 남들과 다른 사람을 배제하는 일이 늘어나면 자신의 진짜 감정이나 생각을 마음속에 묻어 두고 다른 사람의 의견에 맞추는 아이들도 늘어난다.

자신의 감정과 생각을 누르고 사는 버릇이 생기면 친구를 사귀기 어렵고, 친구와의 거리도 멀어진다. 마음을 열 수 있는 친구를 만들고 건전한 인간관계를 만들려면 속마음을 이야기할 수 있는 용기가 필요하다.

다른 사람과 관계를 맺다 보면 의견이 대립하거나 의견을 부정당하는 쓰라린

좋은 인간관계를 만드는 대화

경험을 할 수도 있다. 그러나 갈등이야말로 대화로 의견의 차이를 극복하고 절충해 나가는 방법을 배우는 소중한 기회가 될 수 있다.

다른 사람과의 협동 작업이 자연스러운 대화를 낳는다

다른 아이들과 협동 작업을 경험하는 기회를 자주 가지면 편하게 대화하는 데에 도움이 된다. 공통의 목적을 가지고 작업하는 협동에서는 소통이 꼭 필요하기 때문이다. 협동을 하면서 다른 사람과 소통하는 방법을 배우고 서로의 존재를 인정하고 존중하는 게 얼마나 중요한지를 깨달을 수 있다.

예를 들어 여럿이 손을 잡고 원을 그린 채 훌라후프를 한 바퀴 돌리는 활동(100쪽 참조)에서는 "훌라후프를 이동시키려면 팔을 위아래로 적절히 움직여야 한다." "처음에 발을 통과시키고 나면 간단히 훌라후프를 통과할 수 있다." "훌라후프를 다음 사람에게 넘겨줄 때는 몸을 최대한 작게 만드는 게 효과적이다." 등의 의견이 자연스럽게 나오며 저절로 밀도 높은 소통을 하게 된다.

💬 가족과의 소통이 무엇보다 중요하다

왜 다른 사람 앞에서 말하려고 하면 손발이 벌벌 떨릴까? 힘들게 입을 열어도 더듬더듬 어눌하게 말해서 듣는 사람을 답답하게 만드는 일이 생길까? 원인은 크게 본인 내면의 문제, 대화하는 환경의 문제, 대화 내용의 문제, 이렇게 세 가지다. 이러한 문제를 해결하려면 먼저 아이가 자신감을 가지고 자기 생각을 말하는 경험을 많이 해 봐야 한다. 가족과 소통하는 시간을 많이 만드는 게 가장 효과적이다. 가족 앞에서라면 아이도 안심하고 자기 생각을 말할 수 있기 때문이다. 가족과의 대화 시간을 확보해 아이가 말하기에 자신감을 키울 수 있게 도와주자. 가족과의 소통을 다양하게 경험하면 상대방의 눈을 보며 이야기하는 기본 대화 예절과 기술을 자연스럽게 터득할 수 있다. 아이가 하는 말을 알아듣기 힘들 때는 이해가 가지 않는 부분을 하나하나 질문해 아이 스스로 다른 사람이 이해하기 쉽게 말할 수 있도록 이끌어 주는 지도가 중요하다.

"그때 어떤 기분이었어?" "왜 그렇게 생각했는데?" "시간은 얼마나 걸렸어?" 등 다양한 질문으로 자연스럽게 말을 주고받을 수 있게 도와주자. 그날의 뉴스나 학교에서 있었던 일 등에 관해 가족과 대화를 나누며 아이들은 대화하는 즐거움을 느끼게 된다.

💬 이웃과의 교류로 소통 능력을 키울 수 있다

우리 사회는 나이, 가치관 등이 다른 다양한 사람으로 구성되어 있다. 주변의 여러 사람과 우호적인 관계를 유지하며 자기 생각을 당당하게 주장하고, 협력하여 목표를 달성하기 위한 소통 능력을 길러야 한다. 평소 많은 사람과 교류해 대화하는 경험을 쌓고, 점차 말하기에 자신감을 키워 대화의 재미를 느껴 보면 좋을 것이다. 동네 사람들과 인사하거나 지역

행사에 적극적으로 참여해 이웃들과 교류할 기회를 마련해 주자. 아이가 스트레스를 받지 않도록 처음에는 가족이나 친한 친구와 함께 참여할 수 있게 해 주자.

장을 보는 일도 말하기 연습을 할 수 있는 좋은 기회다. "가지 한 바구니 주세요." "돼지 앞다릿살로 300그램만 주세요." 등 실제처럼 연습으로 대화를 주고받아 보자. 아이가 안심하고 장보기 심부름을 할 수 있게 도와주자. 익숙해지면 장보기 목록을 주고 한번 심부름을 보내 보자. 이렇게 차근차근 단계를 밟아 나가면 다양한 사람과 대화할 수 있는 능력을 키워 나갈 수 있다.

체험이 대화의 적극성을 길러 준다

손으로 만지고, 눈으로 보고, 귀로 듣고, 코로 냄새 맡고, 혀로 맛보는 오감을 통한 체험은 아이에게 선명한 인상을 남긴다. 체험은 크게 자연 속 체험과 사회에서의 체험으로 나눌 수 있다. 성공, 실패, 좌절, 협동, 다문화 체험 등 체험의 종류는 다양하다. 체험은 직접적이고 상호적이라 다양한 감정을 느끼고 폭넓게 생각할 수 있다. 다양한 체험을 하면 그 체험을 다른 사람에게 이야기하고 전하고 싶다는 욕구가 높아진다. 어린아이도 꽃이나 벌레를 발견하면 자기 체험을 어머니에게 말하고 싶어 재잘재잘 이야기하려 애쓴다. 체험은 대화를 위한 적극적 자세를 길러 주고, 표현력을 높여 준다. 말하기에 자신이 없는 아이에게는 다양한 경험을 시켜 주고 그 경험을 이야기할 기회를 만들어 주면 도움이 된다.

수업 시간에 대화할 수 있는 기회를 만든다

수업 시간에 자신의 발언을 선생님이나 친구에게 인정받은 아이는 어깨가 으쓱해지고 뿌듯한 표정을 짓는다. 고학년이 되면 바로 표정에는 드러나지 않아도 몸 전체로 기쁨과 자랑스러움을 표출한다. 수업 시간은 아이의 소통 능력을 높이는 효과적인 기회다. 수업에 의도적으로 대화를 접목해 보자.

❶ 모둠 토론, 학급회의, 스피치 등 수업 전체를 대화형으로 편성한다.
❷ 수업 첫머리와 끝에 대화하는 상황을 설정한다.
❸ 전체 학생을 대상으로 선생님이 주도해서 진도를 나가는 일반적인 수업 형식을 취하는 가운데 아이의 사고를 심화시키기 위한 다양한 관점에서 학습 자료를 준비하고, 아이에게 질문하며 대화를 유도해 대화의 즐거움을 느껴 보게 한다.

수업에 대화 시간을 편성할 때는 학습 목적을 달성하기 위해 가장 효과적인 대화 형식을 선택해야 한다.

💬 생각을 정리할 시간을 준다

대화에서는 생각을 정리하는 시간을 보장해 주는 게 매우 중요하다. 수많은 말이 아무렇게나 오가는 대화에서는 내실 있는 소통이 이루어지지 않는다. 자기 생각을 상대방에게 확실히 전할 수 있고 상대방의 의견을 듣고 깨달아 자기 생각이 넓어지는 경험을 해야 대화하는 보람을 느낄 수 있다. 충실한 대화를 위해 자유롭게 생각하고 상대방의 말을 참고하여 자기 생각을 새로 조직할 수 있는 시간을 가져야 한다. 상대방이 무슨 말을 하고 싶은지를 명확하게 이해하고 받아들여 심사숙고해서 발언하려면 어느 정도의 시간이 꼭 필요하다. 생각할 시간이 보장되면 말주변이 부족한 아이도 안심하고 자기 의견을 정리할 수 있다. 생각을 정리하는 시간은 여러 방식으로 제공할 수 있다. 예를 들어 수업 도중에 질문하고 2, 3분가량 말없이 생각할 시간을 주거나, 다음 날까지 생각해 오라고 숙제를 내 주는 식이다. 과감하게 일주일쯤 생각할 시간을 주어도 좋다. 더 어려운 과제를 다룰 때는 한 달 정도의 시간을 줄 수도 있다.

또한 의견이 대립할 때는 잠시 생각을 정리할 시간을 만들면 논점과 쟁점이 정리되어 합의가 잘 이루어진다.

💬 대화할 수 있는 분위기와 환경을 갖춘다

상하 관계가 엄격하거나 실수가 용납되지 않는 딱딱한 분위기에서는 자유롭게 말할 수 없다. 수용적이고 개방적인 분위기에서라면 수시로 웃음이 터져 나오고 자유롭고 활발하게 의견을 교환할 수 있다. 이런 분위기에서는 비판적 발언과 질문도 받아들여질 수 있다. 말이 조금 서툴러도 기대하는 마음으로 기다려 주거나 충분히 말로 표현하지 못해도 의도를 짐작해서 들어 주면 아이는 용기 내어 발언할 수 있다.

또한 책상의 배치, 토론하는 장소, 인원수, 복장 등도 대화 분위기를 좌우하는 요인이다. 초등학교 5학년을 대상으로 한 조사 결과에 따르면 모둠 토론을 4명이 할 때와 6명이 할 때 발언량에 큰 차이를 보였다. 4명일 때는 모든 아이가 발언했고, 6명일 때는 한마디도 하지 못한 아이가 있었다. 또 수업 첫머리에 아이스 브레이킹으로 분위기를 편안하게 만들어 주고, 배경 음악을 틀어 주거나, 마음이 편안해지는 그림이나 사진을 보여 주는 등의 방법을 쓰면 대화하기 쉬운 분위기와 환경을 만들 수 있다.

💬 칭찬으로 아이의 소통 능력을 키운다

아이의 소통 능력을 키우려면 어른이 적극적으로 칭찬하고 격려하고 기대를 담은 말을 건네는 게 효과적이다. "잘했어." "힘내." 등의 형식적인 말은 아이의 마음에 닿지 않는다. 아이를 칭찬할 때는 다음을 참고해 보자.

❶ 진심으로 아이의 장점을 칭찬한다
- 상대방의 의견을 듣고 수긍하여 자신의 의견을 바꾸는 건 바람직한 태도야.
- 다양한 의견을 적절하게 합쳐서 새로운 생각으로 잘 정리했구나. 참 잘했어.
- 최대한 많은 사람이 의견을 낼 수 있도록 배려하는 마음이 참 예쁘구나.

❷ 아이가 노력하거나 생각을 짜내거나 용기 내어 표현한 부분은 놓치지 말고 해당 부분을 구체적으로 칭찬한다
- 가장 먼저 질문하다니 용기가 대단하구나.
- 표정과 몸 방향까지 연구하다니 세심하다.
- 처음 꺼낸 말이 좋아서 다들 귀를 쫑긋 세우고 들었어.
- 실제로 만져 볼 수 있는 물건을 들고 와서 다 같이 느껴 볼 수 있어서 참 좋았어.
- 친구들과 다른 의견을 내거나 이상하다고 생각한 부분을 지적하려면 용기가 필요한데. 오늘 무척 용감했어.

❸ 독창적인 관점이나 참신한 감각을 찾아내, 그 부분에서부터 이야기를 넓히고 깊게 만들 수 있는 조언을 건넨다
- 새로운 관점에서 나온 의견과 감상이네.
- 아무도 깨닫지 못하고 넘어간 부분인데, 용케 찾아내서 질문했구나.
- ○○ 의견이 있어서 깊이 있는 토론이 가능했어.
- 자신뿐 아니라 남의 입장도 고려한 세심한 의견이네.

❹ 아이의 개성과 발달 단계에 맞는 말을 사용한다
- 다 같이 있는 공간에서 칭찬한다.
- 수업 후에 본인만 불러 전해 준다.
- 어깨를 두드려 격려해 주거나 작은 목소리로 칭찬해 준다.
- 쪽지나 편지로 칭찬해 준다.

옮긴이 **서수지**

대학에서 철학을 전공하고 회사 생활을 하다가 일본어에 빠져들어 본격적으로 공부했습니다.
'나는 읽는다. 고로 존재한다!'가 삶의 모토로 열심히 책을 읽고 옮기고 있습니다.
옮긴 책으로 《초등 과학 실험 대백과》《단단한 마음 기르는 법》《추리 사건 파일 1, 2》《엄마 화 잘 내는 법》
《세계사를 바꾼 13가지 식물》《세계사를 바꾼 10가지 약》《세상에서 가장 재미있는 63가지 심리실험 - 뇌과학편》
《400년 전, 그 법정에서는 무슨 일이 있었나?》《소수는 어떻게 사람을 매혹하는가?》 등이 있습니다.